トップリーダーの役割

企業進化とネットワーク経営

池内守厚　著

東京　白桃書房　神田

序

企業は、モノづくりを通して、モノの豊かさや雇用の吸収、さらに生活水準の向上による社会の安定などに貢献してきた。しかし、負の側面も見逃せない。かつて企業は規模を拡大し、生産効率を高め、利益をあげることに終始してきた。そして大量生産大量消費の使い捨て社会を生み出し、公害を発生させ、さらに社会生活の環境悪化をも招いてしまった。

このような反社会的行動は社会からの批判の対象となっていった。こうした過程を経て、企業自体、社会的責任を認識するようになり、社会の一員としての自覚をもつようになった。さらに社会への貢献をも期待されるようになっていった。社会の一員となった企業は、社会変化に順応する過程で、企業自体の主体性や独創性が曖昧となっていった。このことは、方向性のはっきりしない現代社会、これまでの枠組の中での混沌とした成熟社会においては、企業にとってマイナス作用をもたらす。

そこで、現代社会に存在する多くの企業には、自社の企業理念やアイデンティティの再構築、事業内容の見直し、さらに組織構造の転換などが要求されるようになってきた。つまり企業の構造転換が求められているのである。歴史的にも、これまでの状況変化の流れとは異なる、断絶的状況変化の中にあることを現代企業のトップは認識すべきである。

同様に、現代社会も大きな転換点にさしかかっている。わが国では、社会が量から質に重点移動したにも関わらず、国際化という名のもとに量的拡大を追求してきた。社会的リーダーの無為無策によって、あらゆる問題が先送りされ、放置されてきた。その結果、多くの社会組織が肥大化し、それにつれて予算も膨らみ、動きの鈍い、官僚化された組織で構成される社会が生成されていった。社会を構成する国民にも「現在が面白く、楽しければ、それで良し」とする風潮が蔓延し、自らの利益拡大にのみ関心が移っていった。そんな中で、道徳的な価値観が薄れ、社会の多様性や全体を見通すシステム思考などが失われ、改革の方向や将来ヴィジョンを考えることすら放棄されていった。このことは全体を見渡し、将来のヴィジョンを描くことのできる人材が決定的に不足していることをも意味する。「木を見て森を見ず」である。

現代企業や現代社会では、システム化やネットワーク化、さらにグローバル化が進行しつつあるが、実は、それらの全体システムは、方向性や将来ヴィジョンのない、単なる部分の寄せ集めにすぎないのである。現在のような閉塞状況の中では、改革を断行する明確な将来ヴィジョンをもったリーダーが希求される。しかし、集団や組織にどっぷり浸かり、他人の振る旗によって動かされてきた組織の中でしか生きられない人びとの多い中では、そのような強力なリーダーが生まれるのは容易なことではない。同時に、企業や社会の将来ヴィジョンを描くことも容易なことではない。

現代の日本企業や社会を変革するには、まず現実を直視し、さまざまな角度から分析を試み、企業や社会全体についての高遠な将来ヴィジョンを描くことが不可欠である。もし企業や社会のリーダーが「将来ヴィジョンを描くことができない」というのであれば、自らリーダーの職を辞すべきである。

このような視点から、本著では、現代企業の在り様、現代企業の将来ヴィジョン、現代企業のイノベーションや戦略的経営について構想し、企業や社会の将来を投影することに挑戦しようというのである。本著では、企業リーダーとしてのトップ・マネジメントの立場に立ち、まず現代企業や現代社会を歴史的視点から解明していく必要があろう。歴史的視点から解明するということは、客観性を有する「進化」概念や主体性を有する「進歩」概念を用いることを意味する。

そしてグローバル時代にある現代社会のキーワードを「ネットワーク」ととらえ、現代企業社会を「国民主導型のネットワーク社会」と位置づける。ネットワークとしてとらえるということは、一方的・直線的ではなく、相方向的な一つのサイクルやシステムとしてとらえるということである。このようなネットワークを人的ネットワークと情報ネットワークに分け、現代社会や現代企業社会を明らかにしたうえで、将来のヴィジョンとその実践を中心に解明していくことにしたい。

第1章では本書を貫く概念的キーワードとしての「進化」と「進歩」を制度論の立場から取り上げる。第2章では進化概念を用いて企業と企業社会を史的に論ずる。第3章から第5章では、企業家としてのトップ・マネジメントによるイノベーショナル経営の核となる問題を取り上げる。つまり第3章ではイノベーションと戦略的経営、第4章では企業家的イノベーション、第5章では経営戦略の中核としての製品開発と新規事業開発についてそれぞれ展開する。

第6章から第10章では現代企業経営の具体的内容を戦略的経営の視点から展開する。つまり第6章では企業経営の合理化とネットワーキング、第7章では企業経営の民主化と創造力開発、第8章では企業経営の活性化と経営力開発、第9章では企業経営のグローバル化をそれぞれ取り上げる。第10章は第9章の展開として地域主義に根ざしたアジア・ローカライゼーションを取り上げる。

さて、本著は一九九三年出版の『企業進化と創造的経営』を基礎にまったく新しく書き下ろしたものである。なお、第1章は初出であり、第10章は関東学院大学経済学会研究論集『経済系』第一八五集（一九九五年一〇月出版）に投稿した論文「アジア・ローカライゼーションと新たなるパートナー台湾」をリライトしたものである。

本著が世に出るに際し、私の所属している関東学院大学（ＫＧＵ）経済学部経営学科の諸先生方に、この場を借りて日頃の御指導に対し感謝申し上げたい。

最後に、本著の刊行に対し、多大なる御支援を頂戴した白桃書房　代表取締役社長 大矢栄一郎氏に心より御礼申し上げたい。

二〇〇一年一二月吉日

相模庵にて

池内守厚

目　次

第4章　企業家的イノベーションの展開

第1章 社会システム進化と制度革新

本章では、生けるものすべてを変わりつつあるものと位置づける。環境変化に受動的に適応するものばかりではなく、目的をもって能動的に環境変化に対応するものをも対象とする。そこでは生物進化を社会進化に適用し、社会に存在する組織を含む諸制度を説明し、社会システムとしての企業そのものの存在や企業経営の基本的意義について論述することを目的とする。つまり根本的に構造的に変化しつつある現代社会における社会制度としての企業の存在そのものの意義を再構築することを意図している。

一般に「進化」(evolution)は、次のように定義される。生物学で用いられる、いわゆる「進化」は生物が世代の経過とともに次第に変化すること、元の種との差異の増大と多様な種の生成、その生成過程において体制は概して複雑化・適応の高度化・種類の増大をもたらすこと、といった特徴をもったものとされる。他方、生物進化の概念を社会学の分野に適用した「進化」とは、社会が同質のものから異質のものへ、未分化のものから分化したものへと進むことであるという。[*1]

生物の進化においては、その個体の進化をつかさどるのは遺伝子である。同様に、社会システムの進化においても、その社会システムの進化をつかさどる遺伝子に代わるものがなければ、社会システム自体の生成や継続はありえない。

以上のことから、進化概念は基本的には、少なくとも「生物進化」と「社会進化」とに分類されること、進化とは単なる変化（change）ではないことが理解されよう。さらに社会進化の概念は、経験的にも、人の価値観や倫理観、さらに目的論を含む精神面にまで適用可能ではないか、といった仮説をたてることができる。したがって社会進化の概念の内に「進歩」（progress）概念を内包した議論を展開することになるだろう。

本章では「進化主義」にもとづいて、自然界、人工的世界に存在するあらゆる生きもの、とりわけ人間に基礎を置いた議論を展開していきたい。

1●進化論と制度主義

これまで多くの社会科学系の著書では、「進化論」（evolution theory）は「生物進化論」と「社会システム進化論」に二分され、実にさまざまな議論がなされてきた。*2

生物進化論の基礎はダーウィン（C. Darwin）の、とくに自然淘汰・選択説（natural selection theory）に代表される。このダーウィニズムは、生物の種の変化、多様性、複雑性を時間的経過とともに客観的・論理的に説明しようというものである。それに対し、社会システム進化論は、広義には人間社会の諸現象である経済・道徳・法律・芸術・宗教など、時間的経過とともに現われた諸事実を質的変化概念を用いて客観的・論理的に説明しようというものである。

このような社会進化の立場から制度改革を説明しようというのが制度論（institution theory）ではないだろうか。このような制度進化（institution evolution）の視点から「社会システム進化論」の本質を明らかにすることが本章の最終目的でもある。このような論理展開のためには、まず生物進化論と社会進化論の際立った相違点を明らかにする必要がある。本章では、それらの際立った相違点を「目的論（倫理・道徳＋目標）」に求める。つまり企業を含む社会システム進化論の展開では、人間の意思や意図にもとづく何らかの選択が行われることを仮定する。

(1) 生物進化と社会システム変化

生物進化論をそのまま社会システムの変化や現象説明に用いることはできない。生物進化概念では、①時系列的考察、②適応・変化、③適者生存などが事後的に説明される。従って生物進化概念では、事前に存在や存続を意図してはいない。その結果として、一定期間の安定した存在や存続、多様性や複雑性などが、事後的・合理的に説明されるにすぎない。そのような結果は、差異（difference）→淘汰（selection）→保持（retention）のプロセスを経て導かれる。もちろん、この淘汰は自然淘汰であって意図的・目的的なものではない。

生態環境変化にもとづいて生ずる差異とは、あらゆる種類の変化を意味する。組織が意図的あるいは無意識的に変異を発生させることが、組織の生存を維持するための基本である。淘汰とは、変異をセレクトすることであり、競争上必要な資源獲得に役立つ変異を選択している組織ほど生存の確率が高い。保持とは、淘汰されて生き残った有用な差異を蓄積し、組織内に伝播させることである。この伝播され蓄積された差異は、組織の環境適応能力を規定する「知恵」の集合である。そして、この知恵の集合を組織内で永続化させるには、制度化、つまりフォーマルなものとしてはルーチン、行動プログラム、意思決定ルールなど、インフォーマルなものとしては規範、価値、信念などが考えられるという。[*3]

このような生物進化の論理構造に対し、その違いを際立たせるために、次に「社会システム進化」の分析的特徴をより鮮明にしたい。

①　社会システムは生物システムと同様に、環境変化に適応し変化するが、その変化を事後的・合理的に説明するだけでは不十分である。社会システムは、そこに所属する人びとや関係者によって現代的意義を問われ、同時にそれらの人びとの期待をも担うことが要求されるからである。したがって対象となる社会システムを客観的・合理的・継続的に観察することが不可欠となる。実際の継続的観察に対しては過去→現在→未来といった時系列的分析が要求される。したがって実際の企業研究や企業を評価する“stockholder”への情報提供は継続的・時系列的に行われることが必要である。

②　現存する社会システムは過去の歴史の中で、主体的・能動的および受動的に適応し、変貌し変質した結果である。環境変化に適応することは、社会システムそのものがカタチや活動内容・質を変化させ調整するプロセスを意味する。したがって外見的カタチだけではなく質的変化の内容を分析することが重要である。

③　現存する社会システムは、人間社会において少なくとも現時点までは競争能力をもっていることを証明するものである。したがって、その環境変化への主体的対応とその背景にある環境変化の具体的内容、その結果として生成・蓄積される競争能力の分析が不可欠である。しかし、その競争能力は、その社会システムの将来的存在・存続を可能ならしめるだけのものであって、保証するものではないことを認識する必要がある。資源の集中と分散といった原則にもとづく、資源再配分による資源の効

率的運用に目を向けなければならない。

かくて、一定期間観察対象となった社会システムが進化的であるかどうかは、その時々の社会システムを構成する人びとの価値判断に依拠し、それらの人びとの個人的・主観的満足度によって進化的であるかどうかが判断される。その意味からも「進化」は単なる変化以上の内容や質を有するのであり、その時代その時代において、その社会システムを構成する人びとの個人的・主観的価値判断や、人びとの来歴や置かれた立場によって、その社会システムの進化の内容や質は変化するのである。したがって、絶対的進化内容や変質は存在しないし、その時々の社会システムもまた絶対ではない。

このように社会システムも、環境変化や遺伝子などによってその将来が左右される生物と同様、動態的存在である。環境変化に主体的・動態的に適応する中で、目的としてではなく、結果として永続性を確保することになる。社会システムの場合、そのシステムに永続性を付与するものは、そのシステムに関わる人びとであるからである。それらの人びとの価値判断に依拠するのである。それらの人びとの個人的・主観的価値判断が集合化し、時間的経過によって一般化する過程で、社会システムに客観性を付与するのである。

他方、社会システムは主体的存在でもある。なぜなら社会システムは生物進化と違い、環境変化（例えば市場動向）に受動的に適応するだけではなく、主体的・能動的に適応するからである。この社会システムの「主体論」は、社会システムの目的論と目的を達成するための主体的行為論からなる。

これまでの社会システム進化論についての議論の基本的フレームワークを提示すれば、**図1-1**のようになる。

図1-1　社会システム進化論の基本的フレームワーク

- 社会システム進化論（広義の進化論）
  - 生物進化論（狭義の進化論）──無目的論，受動的環境適応
  - 進歩論──目的論，主体的・能動的環境適応

(2)　進化と進歩

「変化」は生物「進化」概念を内包し、また社会システム「進化」概念は「進歩」(progress)概念を内包する。そこで、まず生物進化と社会システム進化の共通項である狭義の「進化」の概念的特徴をまとめてみよう。[*4]

①「進化」概念は、単なる変化ではない。

②「進化」概念は、何らかの仮定や価値判断を混入しない。つまり「目的論」を前提にしない。

③「進化」とは、「より複雑なもの、つまりそこに存在していることがノンランダムな現象としか考えられないようなシステムへの変化」である。

④「進化」とは「環境により適応したもの」への変化であり、したがって、あくまで環境との相対関係において評価される。つまり所与の環境に対して繁殖率あるいは生存率を高める方向への「適応変化」が起こると仮定する。

以上のような環境変化に対する受動的な「進化」概念に対し、「進歩」は「目的論」を前提にしており、何らかの「良きもの」への適応を仮定し、その基準にもとづいて確実に向上していくプロセスを前提にしている。目的論を前提にしているということは、そこに価値判断が作用することになる。つまり主観が混入することになる。著者は「進歩」概念が混入する「進化」概念は、社会システムのそれであると定義づける。主観が混入するということは、社会システム内において主体論が展開されるということである。

図1-2　進化と進歩の統合化

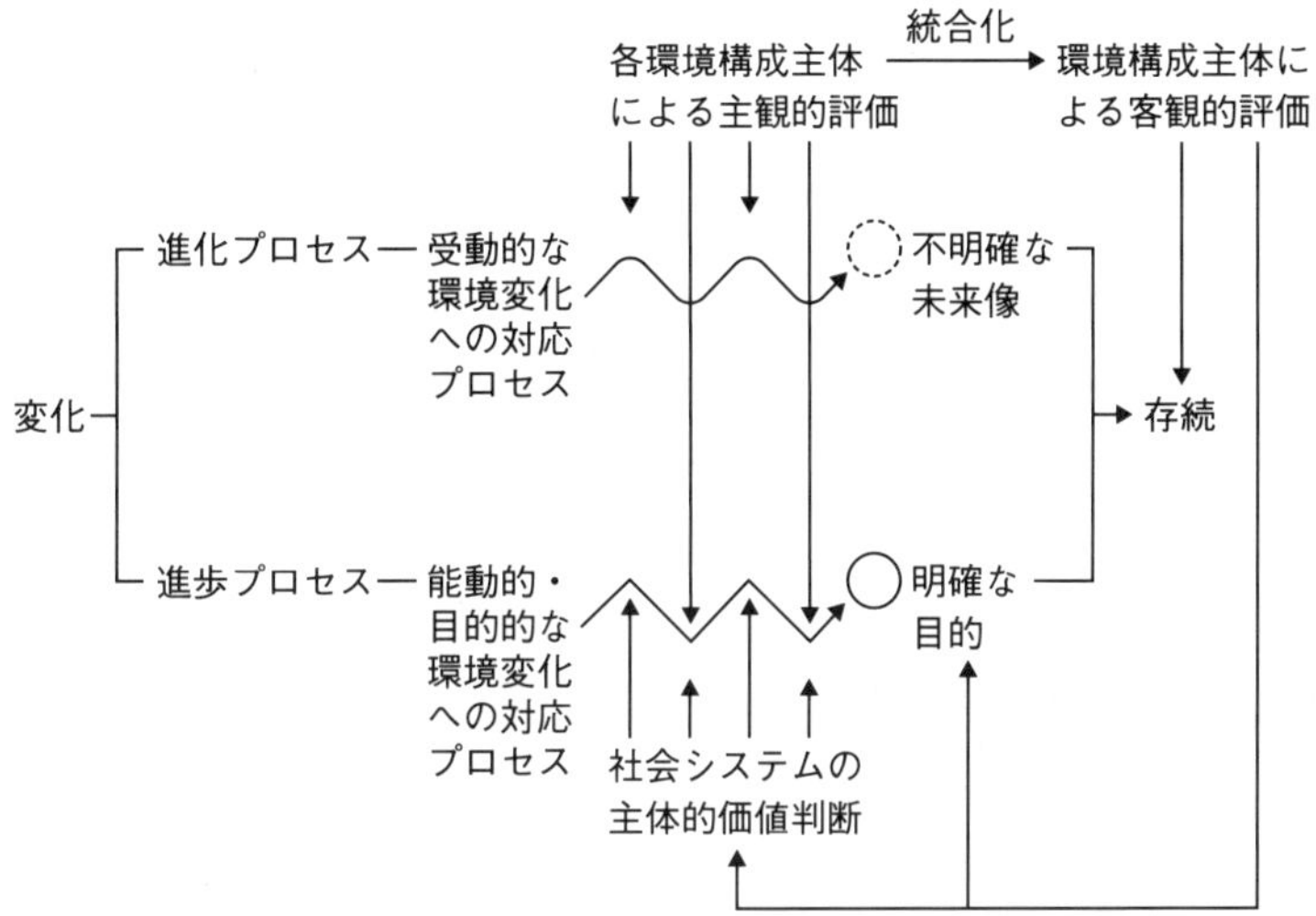

「変化」は狭義の進化概念と進歩概念を内包している。このうち「進化」とは環境適応プロセスであり、事後的に合理性をもって論理的に評価される。

社会システムを客観的な存在とする、主観的価値観をもった各環境構成主体（environmental composition subject）によって、その時々に社会システムに対して価値判断が下される。他方、より良きものへの変化概念である「進歩」では、各社会システムの主体的価値判断と各環境構成主体の意向をふまえた目的（理念と目標）形成がなされる。これらの狭義の進化概念と進歩概念の統合によって、社会システムの「存続」[*5]（continuity）が可能となるのである。これらの進化と進歩の関係を表わしたのが**図1-2**である。

このような社会システムに対して、各環境構成主体によって主観的評価がなされるが、その進化したかどうかの評価基準は、各環境構成主体によって異なる。基本的には、社会システムが各環境構成主体の意思・意向（will）をどれだけ踏まえた社会システムの運営をしているのかということが、その主観的評価の背景となる。そこで社会システムには積極的な情報開示（disclosure）が求められている。[*6]

図1-2において、変化の一側面を形成する進化プロセスは漸次的に環境変化に対応する。したがって、その変化プロセスは波形となる。これに対し、もうひとつの側面である進歩プロセスは環境変化に対して常に漸次的に変化するだけではなく、むしろ、それぞれのポイントポイントで変化に主体的に対応する。そこで、そのプロセスはのこぎり形となる。

(3) 制度主義と進化

経済学における古典主義は、物理学者であるIsaac Newtonの体系、つまり「機械的で反復的な運動」によって、社会現象における変化を説明しようというニュートン主義にもとづいている。これに対し、制度主義では、変化の概念は生物進化論の祖をなすダーウィン主義にもとづいている。

以下において、広義の文化概念にもとづき、経済学における古典主義の進化の理論を展開する。

① 古典主義と進化

古典主義者は科学技術の進展を「（狭義の）文化的あるいは道徳的」生活から分離し、その文化の金銭的な面に注意を集中した。そして進化を金銭的価値の量的拡大と同意とみなし、進化と資本主義を同一視した。社会を個人の集まりとし、個人としての資本家へ注意を集中した。その資本家は「透視的洞察力の持ち主」、「新機軸者」、「活動的な人」であり、「企業指導者」にとって「透視的洞察力」、「先見性」、「進取の気性」、「冒険心」といった資質が必要であるとした。かくて、このような企業家は①金銭的価値を高めること、②新しいものを「創造する」ことが要求されるとして、「進化」は企業家の諸活動と結合しているとした。[*7]

このような古典主義の段階では、以上のような「進歩」概念を含む広義の進化概念を用い、全体の社会システムを資本主義ととらえ、「資本主義進化」の主体としての企業家の意義を強調したのであった。

古典主義における社会現象は人間性、社会組織、進化からなる。ここでいう「人間性」は快楽主義的な概念であり、変化を機械的で反復的なものととらえ、すべての活動は快楽と苦痛のアンバランスによって刺激され、それらのバランスを回復するために行われる一組の不連続な活動とみなした。「社会組織」の成員は地主、資本家、労働者からなり、快楽主義的に方向づけられ、それらの変動が価格変動に反映され、しかも経済の変化はバランスと乖離の運動とみなされる。さらに「進化」とは貨幣賃金の増大であり、その背景には進化とともに一段と多くの量の快楽の飽満が実現されるという仮説が存在する。[*8]

古典主義では進化概念の中核に進歩概念を位置づけ、その進歩を導く中核として、個別経済である企業のリーダー、つまり所有経営者たる企業家を位置づけている。そして、人びとの願望や欲望が市場での価値評価を決定づけていることから、市場が均衡しているということは、すべての人間活動が向かっている快楽主義的バランスが保持されていることを意味する。この欲求充足の極大化をはかることによってのみ「良き企業社会」が形成される。したがって市場は個々人による快楽主義的人間性の「創造物」であるとされる。

② 制度主義と進化

制度主義の研究分野は「文化」である。[*9]

この「広義の文化」は、①静態的側面つまり制度的な側面（狭義の文化）と②動態的な側面つまり科学技術的な側面（文明）とからなる。ここでいう広義の文化は、衣食住をはじめ技術・学問・芸術・道徳・宗教・政治など生活形式の様式と内容を含む、人間が自然との関わりの中での生活を通して形成してきた物心両面の成果である。つまり、この広義の文化は、①狭義の「文化」つまり人間の宗教・道徳・学芸などの精神的所産と、②「文明」つまり人間の技術的・物質的所産とが含まれている。人間は活動的であり、なにかを行いたいという動機をもつ。このような人間の活動は、狭義の文化と文明によって条件づけられるのである。

このような狭義の文化と文明を内包する、広義の文化的環境の中で生じる活動、すなわち制度主義にもとづく人間行動は、次の二つの側面をもつ。[*10]

① 制度的行動の性質を有する活動——人間行動は常に漸次的制約を受ける。その人間行動を制約するものが、慣習（custom）や習慣（habit）である。

② 連続的で累積的に発展する道具的・科学技術的性質を有する活動——このような活動は事実に即して評価がなされる。

以上のことから、社会システムを構成する人間の行動準則の文化的で複合的な諸制度は、二つのアイテムによって構成されることが類推されよう。

① 比較的安定的なもので、人間社会において歴史的にも長期にわたって培われてきたもので、各個人・集団・組織の行動を制約し、やるべきこと・やってはならないことを方向づけるものである。この側面は慣習・習慣だけでなく倫理・道徳・理念などによって構成される。これらの要素は狭義の文化概念を構成している。この側面から主観をまったく排除することはできない。制度は主観の累積という面を内包しているからである。つまり、習慣や倫理などは集約化および時間の経過によって、個人から集団へ、集団から組織へ、組織から社会へと広がりをもって、客観化・一般化・制度化の度合いが促進されるからである。この制度化のプロセスにおいて、主体としての権限・権力・影響力とい

ったパワー、さらに変化しつつある環境変化などが作用する。

② 逆に、主体的で個人・集団・組織の目的的行動を促進させ、実務的・短期的・合理的な評価を受ける、比較的動態的なものである。この側面は科学技術や経営管理技術など「知識」で構成される。これらは広義の文化概念のうちで文明と呼ばれる側面である。ここで重要なことは、文明の持続性ということである。つまり、文明は自然を含むあらゆる環境を考慮したものでなければ、いずれ壊滅的打撃をこうむることになるだろうということである。社会システムとりわけ企業と自然環境との関わりは現代的主要課題である。

人間は、これまで、西洋合理主義にもとづき、資源として自然を利用してきた。そして人間にとって最適と思われる人工的環境をつくりあげてきた。その過程で、自然を破壊する水銀、カドミウム、鉛、フッ化水素、二酸化窒素などの物質を放出しつづけてきた。それによってグローバルレベルでの環境破壊が進行してきた。このような状況の中で、生態系（ecosystem）の中の一要素として人間を位置づけ、生態系全体を守ろうとするエコロジー（ecology）運動もさかんになってきた。それは自然環境が「主体化」し、人間ばかりではなく地球そのものを救うことの必要性が認識されたからである。

ところで、制度主義にもとづく社会現象である人間性、社会組織、その進化は、それぞれ広義の文化概念のうえに構築されている。これまでの文化と制度の議論の基本的フレームワークは**図1-3**のように表わすことができよう。

図1-3では、広義の文化は広義の制度と同一のものと解釈する。狭義の文化と文明はともに各個人の主観が出発であり、この各個人の主観が集約化や時間の経過の中で、相互作用や統一性を生み出す中で、客観化され制度化され制度化されていくものと考える。

図1-3　文化と制度

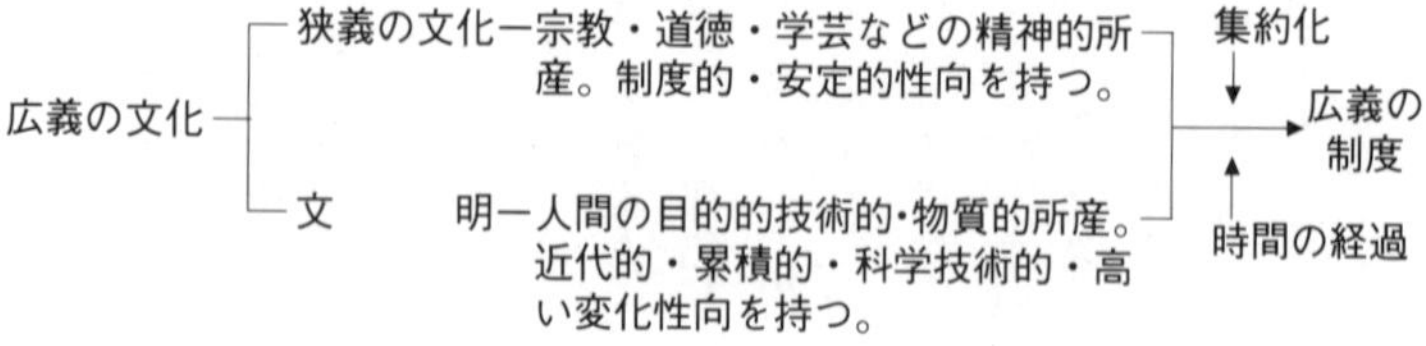

2●制度主義と社会システム

「制度主義」（institutionalism）はダーウィニズムにもとづいており、古典主義の静態的分析を排し、社会制度に着目し、社会現象つまり人間性、社会組織、進化の動態的理解を目指した。制度主義は、前述したように、社会現象を歴史主義にもとづいて、時系列的・動態的に把握しようとする。また制度主義は「全体論的」哲学を包摂し、部分間の相互作用を重視する。このような考え方はシステム思考概念へと展開される。なお、著者は、システムは全体性、相互依存性、目的性・方向性という特性を有するものと考える。

そこで、本節では、主として制度および制度主義の環境変化への動態的適応の問題を注視した議論を展開する。

(1) 変化と制度主義

社会システムに適用される進化論は、主体論的「進歩」概念を内包する。これによって進化論は受動的な環境変化への対応だけでなく、動態的・能動的な環境変化への対応が論理的に裏づけられた。

ニュートン主義の変化概念は数量的・反復運動ととらえられ、本質的に目的論的である。それに対し、ダーウィニズムの変化概念は累積的成長の無目的プロセスである。後者の変化概念にもとづく生物進化論を、社会システムに適用したのが社会システム進化論（スペンサー）である。企業を含む社会システムは、環境変化に長期スパンで適応するだけでなく、環境変化に対して目的論的・能動的に対応する。

古典派経済理論は本質的に静態的であり、制度派経済理論は本質的に動態的である。つまり、後者の進化論的経済学では、行動準則としての諸制度や組織は「不断の変化」や発展の状態にあり、新しい要求に応じた連続的な再調整の所産である。*11

著者は、前述したように、社会システムを本質的に動態的なものとしてとらえる。つまり、そこにおける変化概念は、内なる変化としての主体的な目的論的変革を包摂するとともに、さまざまな環境構成主体からの要求を内在化することによって動態化する。同時に、その変化は、単なる反復的なものではなく、質的変化を伴うものである。さらに、著者が「振り子の原理」と呼ぶ変化概念は、振り子のように反復的変化を繰り返しながら、徐々にその振りの大きさが小さくなるとともに、静止状態に近づくと、前述したように、内外からの変革・変化に刺激されて、質的変化を伴いながら、再び振り子の振りを大きくしていくというものである。

広義の文化を背景に、企業を含む社会システムに所属し、関係しているメンバーの行動は、①狭義の文化つまり慣習的諸制度からの制約を受けると同時に、②主体的・目的論的行動をとる。社会システムの各メンバーのこのような二種類の行動パターンによって、一方で社会文化・社会制度が形成され、他方で知的な技術論的文明が累積されていくのである。

このような文化と制度の関係は、**図1-3**にも示したように、狭義の文化としてさまざまな行動を制約する静態的制度と、知的な科学技術や経営管理技術など極めて変化性の高い動態的制度とに分類できる。科学技術や経営管理技術などの知的文明が動態的であることは容易に理解しうるであろう。問題とすべきは前者の静態的制度ないしは文化である。社会システムのひとつである企業は、一方で企業の伝統的文化を活かしつつも、他方で全体社会の中で生き残るために、行動を規制する静態的諸制度を破壊ないしは改変する必要がある。諸制度を改変するには、制度論とりわけ静態的制度の内に主体論を導入すること、外部からの決定的な刺激を受けることなどが必要である。

(2) 制度主義と行動主義

古典派経済学においては、経済学は人間行動についての科学であり、つねに人間の性質や人間行動に関する暗黙の諸仮定を有する。このような古典派経済学における快楽的心理学では、人間は快楽と苦痛の単なる需要器官たる受動的な要因である。そこでは消費は快楽である。仕事は苦痛であり、楽しい目的である消費を満たすために引き受けられる。[*12]

この快楽主義にもとづけば、経済活動は消費という究極的な目的に向けられ、極大化をはかろうとする。資本家である所有経営者の行動が、それをよく物語っている。この消費という究極目的の達成を妨げる攪乱要因の一結果が変化である。つまり、快楽と苦痛の「バランス」が破られた時に、その均衡を再構築するための活動が変化ともいえよう。

他方、制度主義は行動心理学（behavioristic psychology）を同化してきた。この新心理学では人間行動は累積的な変化と発達と適応とのプロセスに支配されており、それは人間思想におけるダーウィン革命の所産であるという。[*13]

したがって制度主義の心理学は個人行動ではなく、「人間行動」を研究の中心とする。しかも、その人間

図1-4　人間行動と社会システム

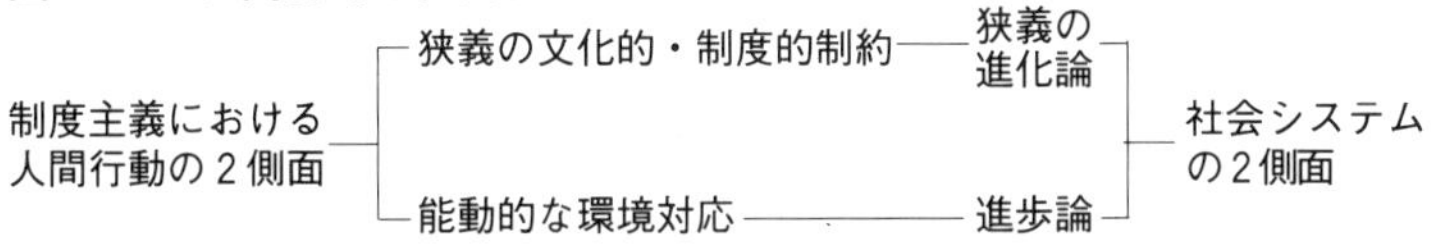

行動は文化的影響を受ける。人間行動の背景となっている広義の文化は、累積的な発達と変化のプロセスに支配されていることから、人間行動もまた累積的な発達と変化のプロセスに支配されている。

制度主義における人間は、一方で、特定の発達しつつある狭義の文化パターン、つまり比較的静態的な制度的制約（習慣・慣習、法律、道徳・倫理、宗教など）の中で行動する。つまり制約を受ける。他方、環境変化に対し、目的論的・主体論的・能動的に行動する。前者は、社会システムにおける狭義の進化論に対峙され、後者は、進歩論に対応する。このような関係を表わすと**図1-4**のようになろう。

(3)　変化と社会システム

「変化」をどうとらえるかは、古典主義と制度主義とを明確に区別するもっとも基本的な指標である。

古典主義においては、人間性は本源的かつ恒常的であると想定されていることから、社会は継続的な変化とは相容れない。したがって社会組織は不変であり、資本家、地主、労働者によって表わされる階級集団は、自然的秩序を反映している。社会は諸個人とその諸個人の快楽主義（hedonism）的な諸個人の総計である。古典主義における不確実性（uncertainty）とは、金銭的な投資から得られる金銭的な予想収益の不確実性のみである。利潤のための投資を行うのは企業家、実業家、資本家であるという。[*14]

古典主義では特殊な金銭的な不確実性以外は変化に対して確実性あるいは絶対的予測

能力をもちうるという、まったく非現実的な状況を前提としている。

これに対し、制度主義においては、人間は社会的動物であり、その社会現象である狭義の文化によって人間行動が規定される、といった考え方が根底にある。この狭義の制度的文化はダーウィン学説にもとづき、連続的・累積的なプロセスにもとづいて、より複雑化・多様化していく。ここでいう狭義の文化、つまり、比較的安定した「制度的文化」は社会現象であり、とりわけ慣習や習慣などであり、それらは個人の行動を規制する。企業を始めとする経済的組織は、常にもっとも不安定な状況におかれており、継続的イノベーションが要求されている。企業には、このような継続的イノベーションや環境への主体的・能動的適応が、常に求められているのである。その際、もっとも中核的な要因が知的能力（intellectual ability）である。

個々の社会システムにおける慣習・習慣、倫理・道徳などといった社会秩序は、個人行動ばかりではなく、集団行動、単位組織などの行動を制約ないし規制する。そのような社会システムもまた、法律などの、極めて安定的な社会秩序によって規制される。規制する組織がまた規制を受けるのである。その意味からも、組織もまた制度であるといえよう。

制度としての組織は、ダーウィン主義つまり狭義の進化論にもとづけば、環境への受動的対応が主たる変化内容となる。そこで、社会システムにおいては、広義の進化論を導入する必要があるのである。社会システムは先を読む予測能力や、目的論的・主体的な進歩論の導入が不可欠となる。このような進歩論の導入によって、将来起こりうるだろう諸問題に、現在対処しうるからである。

3●人間性と機械の進化

本稿では、まず、生物進化論を社会システムに適用し、社会システム進化とその比較を通して、変化概念を基礎に進歩概念導入の必要性を主張してきた。さらに制度主義にもとづいて、連続的な質的変化を当然視する社会システムを制度としてとらえ、組織における文化的・制度的人間行動について、慣習や習慣といった文化的制約を中心に議論を進めてきた。この第3節では、生物進化論の延長としての社会進化論・社会システム進化論の人間本性の理解のもと、進歩論から派生する主体的・目的論的人間行動を取り上げ、その延長線上にある人間と機械の進化について論じる。いわば生物進化論、社会進化論を基礎に人間と機械の進化関係を問うものである。

進化論は、人間の「動物的本性」と同様に、人間の「機械的本性」を考えるのに必要な視点を付与している。つまり、人間は道具、身体的変化、そして心的・情動的変化のたゆまない相互作用を通して、他の動物から進化してきた。他方、機械の進化は「自然選択」「適者生存」よりも飼育栽培上の選択に近い。つまり機械を作るのは人間だから、この意味で、人間は、何が生まれ、何が生き残るべきかを淘汰している。かくて、人類は、人類による機械の製作と密接に結びつきながら進化する。[*15]

(1) 人間の本性

人間の本性とは何か。人間独特のものとは何か。それは、大きく①生物学的進化と心理的属性、②(狭義の)文化の創造、③理性に分けることができる。[*16]

① 生物学的進化と心理的・社会的属性…人間は動物的身体をもち、身体の破壊の恐怖、身体機能への

嫌悪感、身体の人工化（人体の飾り立て、偽装など）が試みられる。さらに血のつながり、直系の集団、近親婚タブーのような婚姻規制の確立によって、心理的・社会的属性を帯びるようになる。

②（狭義の）文化の創造…複数の人間の存在によって社会が形成され、それらの人間の相互作用によって、（狭義の）文化が創造される。その文化とは宗教・儀礼、芸術などである。

③ 理性…①人間は諸現象の間に相互関連を見いだし、それを体系的に配列でき、学術的文化や技術・手段として伝達することができる。②個人の理性ばかりでなく、受け継がれた思想や制度というカタチで体現する、種における累積的な「理性」がより真なる「観察」へと導く。③人間は固有の動機をもち、未来思考にもとづく意識的な意図をもつ「心理的」生物である。

社会の存在によって創造される文化は、宗教や儀礼といった社会システムにおける静態的な狭義の制度文化を形成する。同時に、そのような文化は人間行動を制約する。それに対し、芸術などは主観的・主体的な文化として出発するが、時間的経過とともに、安定的・一般的文化へと変遷し、逆に、主体者に対して制度的影響をもたらす。

(2) 人間の進化と選択

「生物学的進化」は、生態的で、比較的安定的な自然選択プロセスであり、発達（development）、変容（transformation）、変異（transmutation）を含意する。広義の進化概念は、生物学的な進化だけでなく、「人間の意思にもとづく進化」つまり進歩概念を内包する。とりわけ文明、つまり科学技術や経営管理技術の進化は、人間の意思・動機・目的にもとづく「選択」（selection）によって、それらの進化つまり進歩の内容や方向づけがなされる度合いが高い。

このように人間は、意識的に、他の異なった「存在」（Sein）を作り出し、同時に、こうした創造的な能力が（広義の）文化という制度の中で、自分自身の進化する人間性を作り出してきた。かくて、人類は自分たちの作り出した機械と連続的につながっているのである。[*17]

人間の意思による文明の進歩は狭義の制度的文化に影響をもたらし、相互関連性を深める中で、文化全体の進化をもたらす。

(3) 人間と機械の進化

人間は動機や目的をもつことから、進化概念の内に「人間の意思による進化」つまり進歩概念を内包する。それは科学技術文明の発達の動因となる。人間は狭義の文化、つまり比較的静態的文化である制度的・精神的文化を背景としつつも、科学技術や経営管理技術、さらに社会システムの進歩に主体的・目的論的に貢献しようとする。これまで人間は便利さや快適さを求め、道具の発見・改良、機械の発見・改良を進めてきた。

ここでは、科学技術文明の発達の結果である機械に焦点をあて、人間はなぜ機械を作り出そうとするのかを考察する。それは大きく二分類される。[*18]

① 経済的・自然的選択…機械化への衝動を生み出す主要な物質的動因とは、特定の社会状況の存在であり、それは最初は資本主義的・消費主義的な性質をもつ。

② 非物質的ではあるが、心理的にはより根本的な選択…一方において、人間は好奇心の強い存在である。他方において、人間の身体は生理的であると同時に（広い意味での）文化的な実態である。つまり人間は肉体から逃れようとする願望をもっており、その願望は「禁欲主義」と「機械の製作」を導

く。あらゆる肉体労働を機械が代行することによって、すべての社会問題は解決され、人間は純粋に精神的な存在となる。同時に、機械は誤りをおかさないという意味で「完全」なのだから、人間がより機械的になれば、人間は急速に完成に近づくことにもなるという。

このような、あらゆる肉体労働を機械が代行するという短絡的な考え方は、フォードのベルトコンベアー・システム導入の考え方とまったく同じレベルである。それは機械を極限まで使い、労働者をあらゆる肉体労働から解放し、人間を機械の付添い人にすることによって、あらゆる社会問題を解決するというものであった。そして、人間を人間本来の知的な仕事に振り向けようというものであった。さらに人間に比して機械は誤りをおかさないという意味での優越性のみをもって「完全」を論ずるのは、現在のファジー性のある機械の発達を説明しえないことになる。

このような工場での人間と機械との関わりは、歴史的にみれば、次第に分離化傾向を強めていったといえよう。同時に、機械そのものはその機能面で高度化の一途をたどってきた。一般社会では、逆に、生活上での機械やコンピュータとの関わりは、一段と深まりつつある。

人間は、以前のことを忘れたり、誤りをおかすという意味では不完全ではあるが、知識をベースとした〝知恵〟という知的創造性をもち、現時点で有意義と思われる、何か新奇なものをつくろうとする。このことは、人間の思考・行動がファジー性をもち、フレキシブルな思考や行動が可能であることを意味する。このような思考や行動は、多様で多次元な社会にとって、とりわけ重要かつ不可欠なものといわねばならない。他方、機械は誤りをおかさないという意味では完全であり、人間は機械的完全を目指しているといわれるが、本当に機械的・コンピュータ的な完全を目指すのだろうか。B. Mazlishは、人間は肉体的（物質的）にも精神的（生物的）にも、より機械的なものやコンピュータ的なものになろうとする、それが進化した人間形態ととらえている。しかし、進化した人間形態は人間の機械化ではない。それは、これまで、人間が道具や機械を利用することによって自己の能力を高めてきたように、機械の製作やその利用によって醸成されてきた、人間と機械の共存的進化と考えるべきであろう。

B. Mazlishは、機械化つまり進化した人間形成においても、それはあくまで人間であり、人間的条件に拘束されるという。進化した人間であっても、やはり不確実で誤りをおかす生き物であり、結果がわからず、予期できないような選択をしなければならない。その歴史的世界において、それは、その過去を特徴づけてきたあらゆる非合理性、熱狂、そして混乱した経済的・社会的運動に拘束されることになるだろう。死は依然として個体の宿命であり続けるし、それに伴うすべての不安もなくならないだろう。[*19]

確かに、人間は人間的条件に拘束され続けるだろう。人間は、知識を累積的に蓄積することによって、経験的学習によって、他の人との相互交流によって、機械とりわけコンピュータの利用などによって進化し続けるだろう。少なくても現在は、一般に、そのように認識されている。さらに、遺伝子（DNA）のカタチで、その進化を引き継いでいくことも可能である。人間は物的・生物的・社会的な存在であり続けるだろう。さらに人間は、実際的に、制限的な知覚能力、蓄積能力、分析的能力、予測能力、想像能力・創造能力をもち続けることになるだろう。

4●社会システム進化と進化能力

これまでの生物進化論は、自然淘汰によって優れたもののみが選択され、生物は進化していくという仮説にもとづいていた。実際はかならずしもそうとは限らない。このような生物進化論は、いわば環境適応型の受動的な理論でもあった。生物進化論は、これまで「狭義の進化論」と位置づけてきた。このような生物進化論を社会システムに適用する場合、つまり社会システム進化論においては、主体的・目的論的な「進歩」概念を内包する必要があることを主張し、狭義の進化論と進歩論とを合わせもつ進化論を「広義の進化論」とした。

これまで主として取り上げてきた社会システムは、進化する過程で、一方で環境に適応する能力、他方で環境変化を予測し、主体的に自己の社会システムを改善し、革新する能力をもつものと考えてきた。現時点で、このような能力をもつもののみが選択され、生き残っていくものと考えられる。しかし、実際の自然界や人工的な世界においては、一定期間のスパンでみるならば、必ずしも強いものだけが生き残っているとは限らない。特に、社会システムにおいては主観的影響力が作用することからも、容易に理解されよう。

自然界でも、強いものだけでなく、相対的に弱いものが、ある地域では環境に適応し生き延びているもの、環境が変化すれば死滅する可能性のあるもの、環境が悪化しても、ますます力をもちうる可能性を秘めたものなどが並存する。逆に、現時点では、環境適応・先行能力をもっており、巨大な力をもっているものもある。しかし、そのような強いものが、必ずしも将来にわたって巨大な力をもち続け、生き残るという保証はない。きわめて短期間でみれば、環境はバランスを保っているが、次の瞬間アンバランスな状況が発生する可能性をもっている。自然環境は微妙なバランスのうえに成り立っており、一部の生態系が崩れることによって大きな変化が生ずる可能性を秘めていること、個体の環境変化への適応能力の限界が存在することなどを研究すべき段階にきている。

一定期間における生物や社会システムを狭義の進化論的にとらえるならば、自然界や人工的世界は、強いものと弱いものが並存しており、それだけ多様性をもち、そのようなバランスをもった世界であるといえよう。そのような多様性を保持する世界は、前述したように、自然淘汰（選択）だけでは説明しえない。

(1) 社会システム進化の特性

生物進化論は、ダーウィン以来、一般的法則を求め研究され、進化論の主流をなしてきた。生物進化論つまり狭義の進化論における生物進化は、次のような特性をもつと考えられる。

① 生物は自然環境の中で、非常にゆるやかに受動的に環境に適応すること。
② その事実が、事後的に客観性をもって合理的に説明しうること。
③ 自然淘汰の中で生き残っているということは、その生物やその特性は、少なくとも現時点で、自己を維持存続するための適応能力をもっていること。
④ つまり現時点で、ある種の競争能力をもっており、その結果としての維持存続が可能となること。
⑤ 自然界全体も、いくつかの環境状況が存在しうるため、一般法則上は存在しえない生物やその特性が、地域的・閉鎖的・自然淘汰の原則によって、その特殊な地域で強者となり、生き残る可能性があること。
⑥ 現時点での自然界全体としては、強者と弱者が共存しており、地域的・閉鎖的特性を内包する全体としてバランスが保持されていること。

このような特性をもつ生物進化を社会システム進化に適用し、社会システム進化論を確立することが本章の最終的課題であった。この社会システム進化論は狭義の進化論と進歩論を内包するというものであった。つまり実際に社会を構成する社会システムは、受動的な環境適応以上の主体的・目的論的・能動的な存在であると意義づけた。

したがって、企業を含む社会システム進化は、次のような特質をもつといえよう。

① 社会システムは人工的環境の中で、受動的に、かつゆるやかに環境変化に適応すること。

② 逆に、環境変化に対して、主体的・目的論的・能動的かつ迅速に適応すること。

③ それらの事実、つまり目的設定、構造的変革さらに選択のメカニズムなどが、事後的にせよ客観性をもって合理的に説明しうること。事後的説明には、主観（倫理・道徳・理念）と客観が混在しうること。

④ 社会システムは協働的組織体であることから、その組織体内部には制度維持をはかろうとするパワーと制度変革をはかろうとするパワーが、常に不安定なカタチで並存すること。

⑤ 現存する社会システムは、維持存続するための適応能力をもっていること。

⑥ つまり、現時点である種の競争能力をもっており、その結果としての維持存続が可能であること。

⑦ 地域的特性を加味した生き残り策、質的な成長戦略を採用する必要があること。

⑧ 現時点での人工的世界は、強者と弱者が共存しており、全体としてある種のバランスが保持されていること。特に、企業社会では、強者と弱者が入れ替わることは、むしろ日常的なことと理解すべきであろう。

このような社会システム進化の特性は、現存する社会システムに共通するものである。だからといって、社会システム進化の特性と企業進化の特性を同一視することはできない。企業進化の特性については社会システム進化のひとつの具体的展開として後述する。しかし、一般社会システムに比して、企業システムはより競争の激しい中で、目的的・戦略的・主体的存在として行動する。そこで現代企業社会に存在する企業システムにとって、生き残り、存続し続けるには競争能力を高めていく必要がある。この競争能力に対する議論は、主体論と能力論の展開でもある。

(2) 企業の進化能力

企業の競争能力は①静態的能力（static capability）、②改善能力（improvable capability）、③進化能力（evolutionary capability）に分類される。以下、それぞれの内容について考察しよう。[*20]

① 静態的能力は、静態的・ルーチン的な基本的性格を有する。しかも定常状態における競争パフォーマンスのレベルに影響する。定常状態における製品開発・生産システム間での反復的情報処理の効率的で高精度なパターンである。

② 改善能力は動態的だがルーチン的な性格を有する。それは競争パフォーマンスの上昇率、および異常発生時の回復速度に影響する。繰り返し性の高い問題解決サイクルの迅速・効率的・有効なパターンである。

③ 進化能力（能力構築能力）は動態的でノン・ルーチン的な性格をもち、競争能力そのものの構築の速さと有効性に影響を及ぼす能力である。それは繰り返し性の低い創発プロセス（emergent process）を通じたルーチン能力構築における有効なパターンを意味する。ここでいう創発プロセスやシステム創発は、完全に偶然でも完全に決定論的でもない、また完全に事前に合理的でも完全に不合理でもない、そして完全にコントロールが可能でもなく完全にコントロールが不可能でもない、複雑なシステム変化のプロセスである。

社会システム進化は生物進化と違い、進歩論の概念を含む広義の進化論を基点とすることから、主体的・目的的進化について考察する必要がある。そこで本章においても、自然淘汰・選択的概念にもとづく受動的環境適応だけを問題にすることはできない。主体的・目的的・能動的環境適応概念を導入することで、その環境適応能力を高めることの必要性を主張してきた。同時に環境構成主体の支持なしには、制度としての社会システムは維持存続できないことも主張してきた。これまで進化概念は実にさまざまな要素を取り入れ、また廃棄してきた。進化概念自体も進化してきたのであり、これからも進化し続けるのである。現在も進化しつつある全体システムについて強調しておきたいのは、少なくとも全体システムにおいては強者のみが自然選択されるとは限らないこと、全体システムは進化の過程で強者と弱者の微妙なバランスの上に成り立っているのではないか、といったことである。

注＊

1 新村出編『広辞苑　第四版』岩波書店、一九九一年、三〇一頁。

2 進化論に関する代表的な著書では、野中郁次郎著『企業進化論　情報創造のマネジメント』日本経済新聞社、一九八五年や、林正樹著『日本的経営の進化』税務経理協会、一九九八年などがあげられる。

3 野中郁次郎著『企業進化論　情報創造のマネジメント』日本経済新聞社、一九八五年、一三九頁。

4 藤本隆宏著『生産システムの進化論―トヨタ自動車にみる組織能力と創発プロセス―』有斐閣、一九九七年、一三五～一三六頁を参照。

5 この存続概念は、衰退や喪失概念に変化することもありうる。つまり環境構成主体が当該システムに対してプラスの評価をしないこともありうるからである。

6 環境構成主体が、当該社会システムが進化しているかどうかを評価する基準は、各環境構成主体によってさまざまである。その評価基準には人間性、民主性、合理性、市民性、革新性、戦略性などが考えられよう。

7 D. Hamilton, *Evolutionary Economics : A Study of Change in Economic Thought*, the University of New Mexico Press,1970.（佐々木晃監訳『進化論的経済学』多賀出版、一九八五年、一二七〜一四八頁）。

8 同上、一六四〜一六五頁。

9 同上、一四九頁。

10 同上、一六七頁。

11 同上、一九〜二一頁。

12 同上、四五〜五八頁。

13 同上、六三〜六四頁。

14 同上、八一〜九二頁。

15 Bruce Mazlish, *The Fourth Discontinuity*, Yale University, 1993.（吉岡洋訳『第四の世界――人間―機械進化論』ジャストシステム、一九九六年、一一および一六頁）。

16 同上、三四九〜三六〇頁を参考に加筆、修正した。

17 同上、四〇二頁参照。

18 同上、三七五〜三七八頁。

19 同上、三九六頁。Mazlishの人間の機械化概念は、肉体としての人間そのものの機械化をも内包している。いわゆる人間の生命機能の重要な部分を電子機器に代行させるサイボーグ化をも意図している。

20 藤本隆宏著、前掲書、一二一〜一二三頁。

第2章 進化する企業と資本主義の変遷

これまでの制度（商法）では、会社形態は合名会社（機能資本＝経営権＋無限責任）、合資会社（機能資本＋無機能資本）、有限会社（無機能資本＝無経営権＋有限責任）、資本金は有限会社三〇〇万円、株式会社一〇〇〇万円、取締役の人数も、それぞれ一人以上、三人以上となっていた。二〇〇六年五月より施行された新制度（会社法）では、合併や買収（M＆A）が容易となる反面、会社設立の資本金も不要になり、取締役も一人でよいことになる。そこで株式会社形態をとる中小企業では、社長一人で企業統括が可能となる。新制度の会社形態は人的結合である合名会社、合資会社、合同会社、物的結合形態である株式会社からなる。このうち、合同会社は会社内部の運営を出資者だけでできるため、少人数で起業をする場合にすぐれている。（日本経済新聞、二〇〇六年三月一七日付）

以上のような法的な企業形態は、合名会社、合資会社、合同会社、株式会社の順に、①個人的色彩からの脱却の程度、②資本集中の可能性の程度、③規模拡大の程度がそれぞれ増大する。

このような法的企業形態に対し、本章ではより実態的な立場に立脚し、わが国の資本主義の発展との関わりにおいて私企業の変遷を取り上げることにしたい。

① 資本的私企業（一九五〇年代以前）——資本主義と所有者自由主義が存在。

② 制度的私企業（一九六〇—一九七〇年代）——社会的公正を意図する修正資本主義、利益集団自由主義、および多数決原理にもとづく民主主義が存在。

③ 制度改革的私企業（一九八〇年代以降）——民主資本主義と、マイノリティや個重視の民主主義が存在。

1●資本的私企業と資本主義

資本主義（capitalism）とは、「進歩、個人主義、合理性、国家主義に対して、常に積極的態度を示してきたという意味で、自由主義（liberalism）のイデオロギーである」[*1]。このような資本主義は、すぐれて経済的色彩が強く、したがって資本主義は経済的には資本の本源的蓄積によって成立し、産業革命（industrial revolution）つまり分業にもとづく協業から機械体系にもとづく協業への変化によって本格的に確立したといえよう。このような初期資本主義社会における私企業が資本的私企業つまり株式会社の基本形態である。

(1) 株式会社と資本的私企業

資本的私企業の典型としての株式会社は、近代資本主義社会の基盤をなす代表的な企業である。出資者（株主）間の関係は物的結合によって成立している。この株式会社は三権分立型経営システムを採用しており、株主総会（general meeting）、取締役会（board of directors）、監査役（auditor）からなる。また、この株式会社は、①株式の有価証券化、②売買譲渡の自由、③出資者有限責任制といった特徴をもつ。このような特徴をもった株式会社は、イギリスやオランダでは一七〜一八世紀、日本では一八七二年設立の国立銀行にみられた。

株式会社を代表的な企業形態とする資本的私企業の目標は利潤極大化にあった。株式所有を背景として経営権を行使する所有経営者（大株主）が実質的に企業を支配していたことから、その目標もおのずと単一目標としての利潤極大化に向けられたのである。

このような資本的私企業の発展と課題について、わが国における一九五〇年代以前の初期資本主義との関連で考察してみることにしよう。

①　利益第一主義・生産第一主義・経済成長至上主義にもとづく企業経営。
②　それによって、企業の利潤極大化・巨大化、数社による市場の寡占化を招来。
③　そこで市場の競争原理の有効な作用（生産システムの改善・開発による生産性の向上、製品価格の引き下げ、製品改良や技術革新にもとづく新製品開発など）を疎外。
④　その結果、利害関係者の経済的利害の損失、および公害や危険な製品のアウトプットといった非経済的利害の侵害。
⑤　そこで、環境構成主体の集団化やそのパワーアップを招来。
⑥　そして企業経営への制約的影響力を増大。
⑦　その結果として、企業は社会的責任を認識。

(2) 資本的私企業と機械主義

機械主義（mechanism）を基本とする機械の時代（machine age）における資本的私企業では密封した掛け時計のごとく、環境と隔絶された関係において物事を解決・処理しようとする考え方が強かった。そこでは自然科学の分析手法つまり「分析的マネジメント」が行われていた。

観察や実験などを通じて全体を理解するための分析的プロセスは、以下のとおりである。[*2]

① 理解しようとする対象の分解。
② 各部分に分解された各部分の動きを、還元主義（reductionism）つまり概念的あるいは物理的に分類・理解。
③ 分類・理解された各部分を全体理解のために組み立て。

この資本的私企業は一つのシステムである。ここでいうシステムとは全体性、相互依存性、目的（方向性）をもつ。しかし、資本的私企業の段階では、制限されたクローズド・システムであり、社会とは相互関連の薄いひとつの機関（organ）である。

(3) 資本的私企業の機械的概念からの脱却

アメリカでは、二〇世紀初頭に、企業の機械的概念（mechanistic concept）の背景に変化があらわれた。それは、次のように要約できる。[*3]

① 企業成長の機会に内部資金だけでは対応しきれなくなり、多くの私的所有企業が「株式会社化」（went public）あるいは法人組織化したこと。
② 労働者（labor force）の経済的貧困への脅威の縮小、労働組合の組織化や社会的福利厚生（social

welfare）の進展、さらに経済成長を伴った所有権（ownership）とは性質の異なる専門的知識にもとづく経営権（management）の出現。

③ 機械化（mechanization）の進展による、労働者へのより高度な技術の要求。

④ 義務教育の普及や児童労働禁止法の制定による労働者の教育水準や将来への期待の高まり。

2 ● 制度的私企業と修正資本主義

生あるものは、社会の変化に対応し、常に変化し、命を少しでも伸長しようと努力する。そして社会の変化に対応しきれなくなったものは早晩滅びていく。イデオロギーや企業もその例外にはなりえない。経営学の研究対象である企業は、企業経営の主体である経営者いかんによっては、その寿命を伸長することが可能である。もちろん、その企業の支持者が存在することが大前提ではある。

資本主義も変化することで生き長らえてきた。間接民主主義の社会では、その変化の主体は社会のリーダーであり、その変化を受け入れ、支持する人びとの存在によって実現しえたのである。

(1) 修正資本主義と制度的私企業

資本主義の発展によって組織化やそれにもとづく管理化が浸透し、一方で自由放任主義から国家（管理）主義へ、他方で政治を介在させた自己規制への移行、さらに多元主義の導入によって、資本主義・国家主義・多元主義の融合した「利益集団自由主義」が、一九世紀から二〇世紀初頭の公共哲学であった資本主義に取って代わって新しい公共哲学となった。[*4]

このような修正資本主義の時代の私企業の典型が、制度維持論にもとづく制度的私企業である。わが国では一九六〇～一九七〇年代に制度的私企業が開花したと考える。修正資本主義においては、経営者の主体的行動の規制・修正を迫る。ここでいう修正とは、社会的公正という意味での修正である。また、ここでいう利益集団自由主義は、多数決原理にもとづいた民主主義に支配される。

(2) 制度とその変革

人間は意識的思考力をその上部にすえ、情緒性を基礎にもつ進化的生物であり、その人間には自意識的・創造的思考力がある。このような人間が、思考プロセスにもとづいて、環境に適合してゆく場合の「永続的性向」には、慣習的前提（habitual assumptions）、倫理的理念（ethical ideals）、イデオロギーないしは社会哲学（social philosophy）といったファクターが含まれる。[*5]

したがって、制度（institutions）とは、基本的には、人間行動や集団行動を規制する習慣・希望・情緒・目標などで構成される生きものであり、永続性を志向し、進化する生きものである。

もし、変革を迫られている制度が変革への期待を裏切ることになれば、権力機構が強引に制度維持をはかろうとしても、いずれは制度からの解放を要求する人びとのパワーによって、その制度は自滅するか、あるいは社会から葬り去られることになるだろう。したがって企業という社会制度は、その維持のために時代の変化への対応、さらには時代を先取りすることが要求される。つまり制度維持論の導入が不可避である。そこには、企業主体としての専門経営者の役割が期待される。これらの関係を表わしたのが**図2-1**である。

図2-1　制度の「静」と「動」

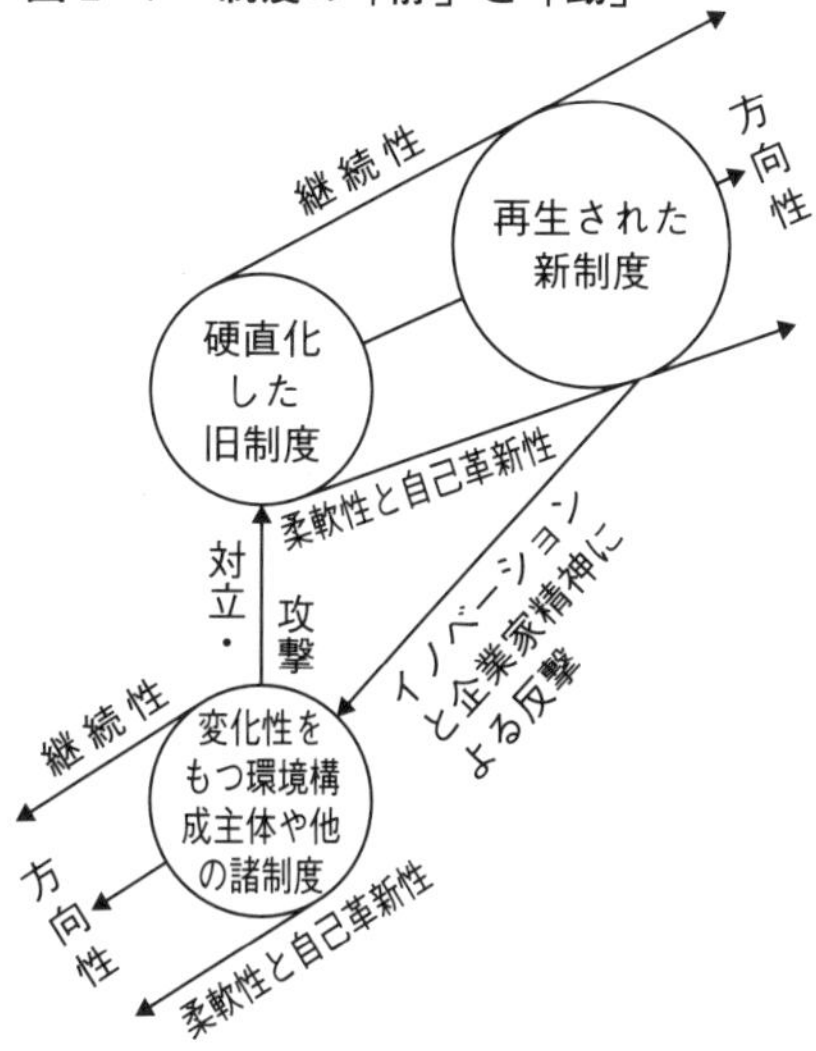

(3) 制度的私企業（公私混合企業）の特徴

制度的私企業において、主体的に企業経営を行うのは「専門経営者」である。この専門経営者は資本所有をバックに企業経営を行う所有経営者とは異なり、企業経営に関する専門的知識にもとづいて、多元的な「環境構成主体」からの一定の制約のもとで企業経営を行う。ここでいう一定の制約とは、多元的な環境構成主体からの好意や支持を得ることができるような、という意味での制約である。

このような制約を受けるという意味から、制度的私企業は公私混合企業という側面をもち、社会性・公益性・公共性を有する私企業である。換言すれば、企業主体としての専門経営者の行動は、多元的環境構成主体、さらに社会的道徳、企業倫理、企業理念などから制約を受けることによって客観性が付与される。そこで利益集団としての環境構成主体からの好意や支持を得るためには各環境構成主体からの要求を内在化させた多元的目標を追求することが不可欠となる。

上述の専門経営者の出現プロセスは、**図2-2**のようになる。

前述したように、資本的私企業から制度的私企業へ、さらに制度改革的私企業へと企業が進化するにつれ、その社会的責任領域も拡大・深化していく。また、その企業主体も機能資本家（所有経営者）から専

図２-２　専門経営者の出現プロセス

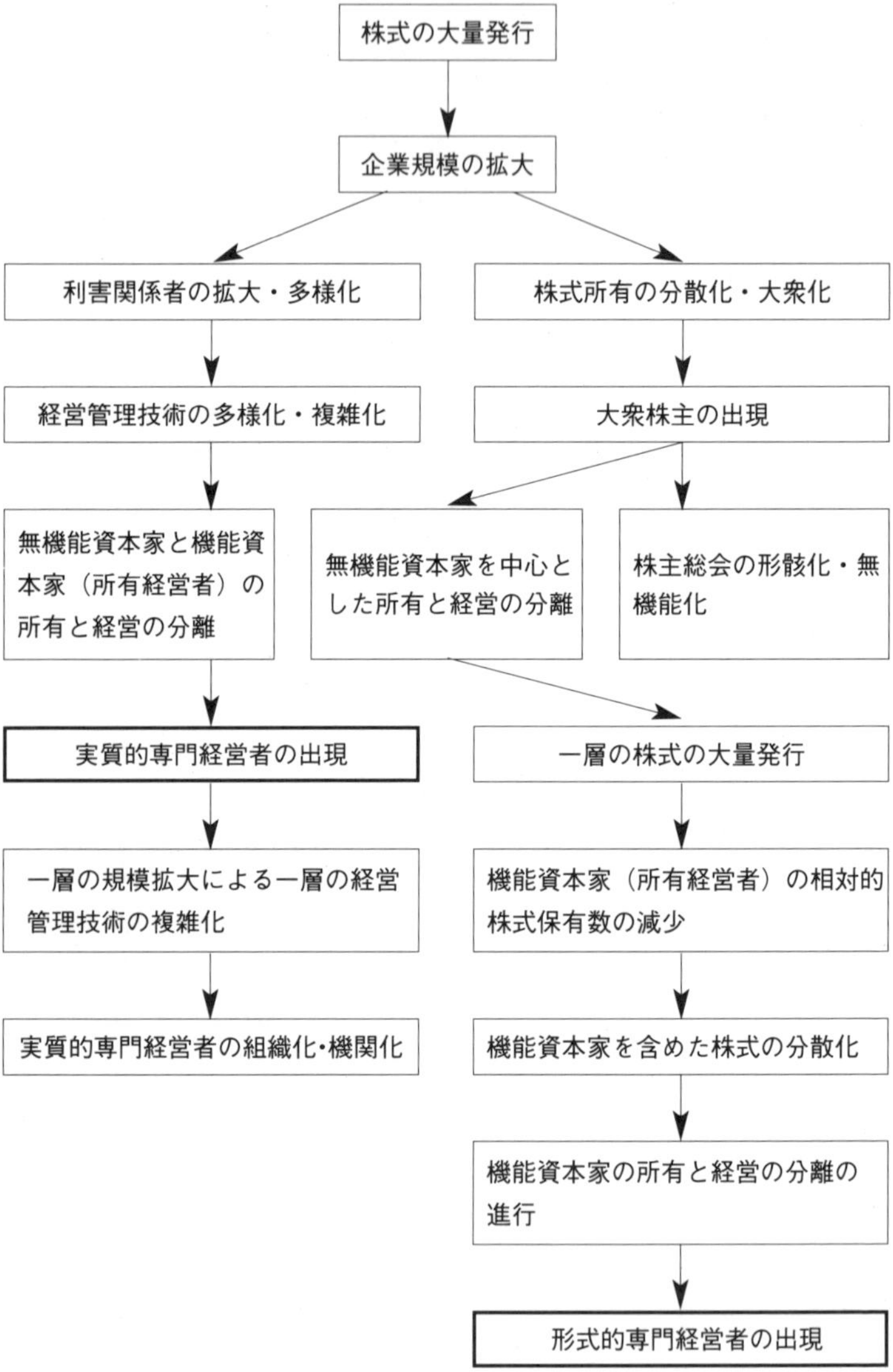
株式の大量発行
企業規模の拡大
利害関係者の拡大・多様化
株式所有の分散化・大衆化
経営管理技術の多様化・複雑化
大衆株主の出現
無機能資本家と機能資本家（所有経営者）の所有と経営の分離
無機能資本家を中心とした所有と経営の分離
株主総会の形骸化・無機能化
実質的専門経営者の出現
一層の株式の大量発行
一層の規模拡大による一層の経営管理技術の複雑化
機能資本家（所有経営者）の相対的株式保有数の減少
実質的専門経営者の組織化･機関化
機能資本家を含めた株式の分散化
機能資本家の所有と経営の分離の進行
形式的専門経営者の出現

図2-3　企業進化と責任領域

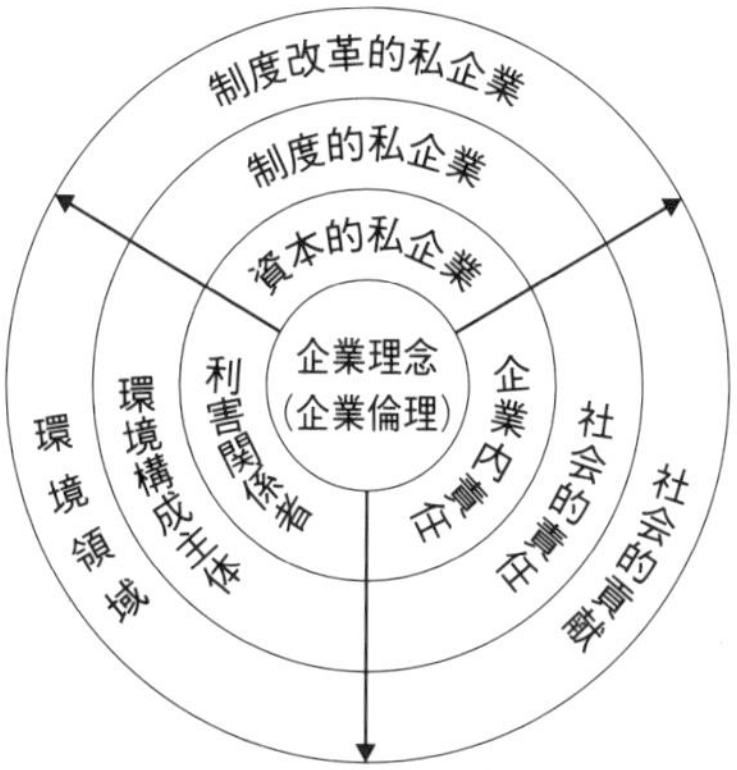

企業理念	：経営者の信念・信条　したいこと，すべきこと，してはならないこと
利害関係者	：出資者，金融業者，従業員および労働組合など
環境構成主体	：出資者，金融業者，従業員および労働組合，顧客および消費者，納入業者，競争業者，政府および地方自治体，地域住民，研究機関など
環境領域	：経済的・技術的環境，社会的・文化的環境，自然的・地球的環境

門経営者へ、さらに機関としての専門経営者集団へと変貌していく。このような企業進化と責任領域の関係を表わしたのが図2-3である。

(4) 有機体としての制度的私企業

オープン・システムおよび有機体（organism）としての企業は、アメリカでは第一次世界大戦（一九一四～一九一八年）後に現われるようになった。この有機体概念としての私企業には、次のような七つの特徴が見い出せるという。[*6]

① 企業の「存続と成長」（survival and growth）がその主要目標とされ、利潤はその存在理由から必要なものであるという位置づけがなされたこと。

対内的最高目標を対外的社会機能としての「顧客の創造」とし、企業の社会的役割・存在の意義づけ、最終目標である「存続と成長」を正当化しようとした。このような考え方を「制度維持論」という。

制度維持論の中で、企業の「存続と成長」という最終目標と関連する最も主要な概念が「利潤」である。この利潤概念について、P. F. Druckerは次のように定義づけている。

Druckerによれば「…利潤なるものは存在しない…あるものはコストのみである」とし、さらに「利潤とは明日の仕事のためのものであり、明日の年金である。いずれも企業のコストである。同時に経済のコストでもある。…企業の所得たる利潤は、それは企業に留保されようと、配当に回されてしまおうとも…、明日の仕事をつくる資本形成の最大の源泉…」であるという。そして企業が十分に回収すべきと期待されている種類のコストは、資本コスト、経済活動のリスク保険料、明日の仕事や年金のコストといった将来の資本ニーズであるとされる。かくて、資本の真のコスト、明日のリスク、明日の労働者や年金生活者の要求を満たすだけの利益を稼ぐことは、むしろ企業の経済的・社会的責任である。[*7]

② 機関（organs）は固定的性格をもつこと、ならびに労働条件が労働組合と経営者との交渉の焦点であることから、経営権が機関化されたこと。つまり経営者の集団化・組織化が促進されたのである。

③ 労働者や彼らの活動の地位、さらに、それらを包含する社会の変化が第二次世界大戦（一九三九～一九四五年）によって大きく加速され、労働の安全性の向上と生産高の向上の相関関係が生成されるようになったこと。アメリカでの女性の社会進出もこの時期に加速された。

④ フォードのベルトコンベア・システム（作業の単純化・専門化による分業システムで大量生産を可能とした）が普及し、さらにオートメーション化の導入・拡大（生産の機械技術の進歩）が進行する中で、労働の技術的内容の重要性が増し、労働者の教育や訓練が主要課題となるとともに、労働者の自由、労働者への依存、管理対象外の専門的な知識労働者の増大がもたらされたこと。

⑤ 労働者の技能（skills）の向上・増大により、彼らが専門家（professionals）としての意識に目ざめ、

個人的願望や労働に関わる要求を、技能を求める雇用主（employers）にぶつけるようになったこと。

⑥ 経営者グループの主要な役割はイノベーションにあり、激しい環境変化への対応には人びとの管理の再考（例えば自主管理）が主要な問題であることが認識されたこと。

⑦ 企業の社会的責任（social responsibility）が公共的な議論の対象となったこと。

(5) 制度的私企業と民主主義的方向性

現代社会は一つの大きなシステムであり、社会的実体としての制度、例えば企業や協会などのサブ・システムからなる。現在のわが国では、ほとんどの人びとが何らかの社会的システムに所属する。しかも、その所属する人びとやその社会的システムにおいて指導的役割を演ずる人びとの価値観が変わりつつある。そのような変化の背景には、経済政策の行き詰まり、技術革新の進展、労働環境の変化、情報機器の普及、貿易摩擦、自然環境破壊、社会生活環境の悪化等々が存在するものと思われる。では、このような状況変化に対応していくためには、先の社会制度化した企業である社会的システムは、いかなる方向へと舵をとるべきなのだろうか。

指導的役割を演ずる人びとの行使するパワーは、目標（ends）や手段（means）の選択への関わりといったカタチで具現するだろう。そして、それらが、さまざまなレベルの社会的システムを形成することになる。そのような社会的システムは、次の四種類に大別される。*8

① 目標の独裁的・手段の独裁的社会システム…そのシステム全体に影響を与える意思決定を行うパワーは、個人または小グループに集中する集権的社会システムである。

② 目標の独裁的・手段の民主的社会システム…自主的な労働集団（autonomous work-groups）に代表

図2-4　社会システムのパワーの相互作用

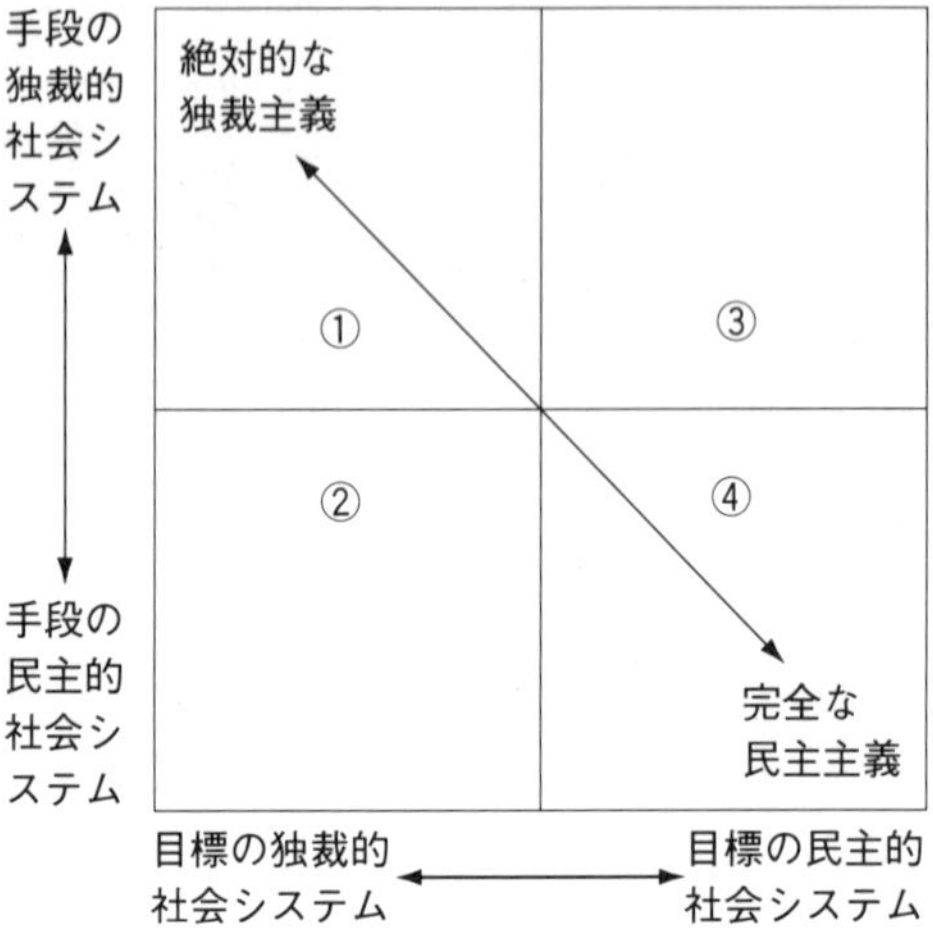

出所：Russell L. Ackoff, *Creating the Corporate Future*, John Wiley & Sons, Inc., 1981, p.46

されるシステムで、目標は上から与えられるが、手段や作業方法は自ら選択する。

③　目標の民主的・手段の独裁的社会システム…基本的なオーソリティは採用した手段を通じて完全なコントロールを有するが、目標はそれらの手段を実現しようとする組織によって選択される。多くの病院や学校組織にみられるシステムである。

④　目標の民主的・手段の民主的社会システム…コントロールの目標と手段の双方が自らの手で選択される。この社会システムでは経営管理者やリーダーが各システムのメンバーをどれだけアドバイスやサポートするかが、唯一合理的な目標となる。

このような社会システムにおけるパワーの相互作用の四タイプは、**図2-4**のようなマトリックスとして表わすことができる。

現代のような不確実な環境変化に対応し、かつイノベーションを志向するには、組織メンバーや外部の環境構成主体の意向を認知し尊重し、また情報の収集・分析だけでなく、収集・分析した情報から、何らかのヒントや新しいアイディアを創造することが要求される。個々人の自由意思（will）を尊重することが創造につながることから、より民主的な社会システムづくりが欠かせない。

このような「民主化」によって、初めて、現場レベルでは、さまざまな創意工夫や改善・改良がもたらされよう。さらにトップ・レベルでは、民主化の促進によって、新製品・新市場・新技術・新規事業開発や事業内ネットワーキングといった経営戦略、さらに企業間ネットワーキング戦略、創造性開発戦略、経営力開発戦略、グローカライゼーション戦略といった創造的な戦略的経営が志向されることになる。

(6) システムの時代における総合的マネジメント

一九三九～一九四五年の第二次世界大戦時における航空機やミサイル開発を契機に、戦後、一九五〇年代には科学的学際活動が一般化する中で、システムの時代が到来した。そこでは「総合的マネジメント」が行われることとなる。したがって製造しようとする対象に対し、システム思考にもとづくシステムズ・アプローチがとられる。そこでは、その対象に関連するあらゆる諸科学を駆使する学際的アプローチ（interdisciplinary approach）がとられる。

システムズ・アプローチは、次の三つのステップを経て実施される。[*9]

① 理解するための道具である各部分を内包する「全体」（system）の確認。
② 「全体の行動ないしは特性」の理解。
③ 「道具としての各部分の行動ないしは特性」の理解。

現代に生起し、存在する諸問題に対しては、以上のようなシステムズ・アプローチがとられるわけであるが、それは同時に、個人・集団・組織・制度・共同体がひとつの部分システムであり、それが社会というひとつの大きなシステム内においてのみ存在しうることを説明するものでもある。

現代の諸問題を意識的に分析することは、将来起こるであろう諸問題に対処する唯一の道である。

先の資本的私企業が制限されたクローズド・システムであるのに対し、制度的私企業は社会との相互依存性の強いオープン・システムであり、有機体（organism）である。

3●制度改革的私企業と民主資本主義

現代は、これまでの流れの中では理解しえない諸問題に直面している。例えば、限りなくゼロに近い経済成長率や右肩下がりの経済成長、既存の産業構造や既存の大企業の弱体化、消費者の物的な量的要求の限界、従業員の愛社精神の瓦解等々、第二次世界大戦後、積み上げてきたものの多くが壊れ、変化しつつある。現代が断絶の時代といわれる所以である。これまで積み上げてきた知識も枠組みも含め根本からの見直しが迫られている。

企業や企業経営、その背景としての資本主義もその例外ではない。まず、企業や資本主義が見直しを迫られている状況から話を進めたい。

(1) 個の目覚めの時代への潮流と背景

戦後、組織に取り込まれ、管理化の対象とされてきた個が組織やシステムに造反し始めた。換言すれば、個が既存の組織やシステムから自立し始めた。それは既存の組織や社会システム、さらに制度に対して変革を迫っていることを意味する。制度的私企業も自ら構造的改革の道を模索することが要求されているのである。同様に、多数決民主主義や修正資本主義も個を主体とした変革が迫られている。

個の目覚めの時代の潮流と背景をまとめると次のようになるだろう。

① 経済の超低成長期への突入、社会的目標・方向性の欠如、社会道徳・倫理の欠如、社会的不公正の蔓延、国民の社会・経済政策への不満、経済界・産業界・労働界のリーダーシップの低下、既存企業の業績の悪化による事業内容の縮小（撤退）・株式売却・人的なリストラなどによる既存の組織や制度への不信感を醸成していったこと。

② 既存企業や組織の業績悪化による目標や将来の方向性（ヴィジョン）さらに倫理や理念が喪失していったこと。

③ これまでの既存企業や組織主導の組織化や管理化への反発や経営者のリーダーシップが低下しつつあること。

④ 既存企業や組織、さらに社会システムにおいて、技術を始めとし、ブレイクスルー的イノベーションが希求されていること。

⑤ モノへの欲求の低下による価値観の多様化・個性化・高質化が希求されていること。

⑥ 教育水準のさらなる高学歴化による個々人の自我意識が向上しつつあること。

⑦ 既存企業や組織の業績悪化、事業内容の縮小・撤退、断絶的環境変化によって、日本的終身雇用が実質的に不可能となる中で、（原則的には）長期雇用や短期教育制度が導入され、日本的年功序列賃金・昇進をよりゆるやかにし、個レベルの能力主義・成果主義が導入されつつあること。

⑧ 個々人の内なる国際化の進行・外的な世界の広がり、さらに情報化・ネットワーク化が進行してい

ること。

⑨　激しい技術革新（ME技術、遺伝子情報技術を含むバイオテクノロジー〔生命工学〕、新素材など）や自然環境重視による環境（eco）産業、環境保全・改善事業の生成、人口の高齢化による高齢者・弱者の介護・福祉産業の育成などによって新規参入の機会が拡大していること。

以上の①～⑨のような背景をもつ個人が組織や制度から離れ、あるいは一定の距離を置くという意味で自立し、人的コミュニケーションやエレクトロニック・コミュニケーションを駆使して新しいシステム化・ネットワーク化への動きを活発化させている。

(2)　民主資本主義と制度改革的私企業

前述したように企業制度自体も構造的改革が求められている。その際、それまでの多数決民主主義では、集団化・組織化したもののみが影響力というパワーをもつことによって、個ベースの創造力が無視され、構造的改革が受け入れられないことになる。その意味で、民主資本主義は制度改革的私企業の前提条件となる。ここでいう民主資本主義は個やマイノリティ重視の自由主義・民主主義を内包する。そこでは、各個人の主体・自由意思が尊重される反面、各個人が能力主義と成果主義にもとづいて判断され、個人ベースでの責任が問われる。また、各個人の能力を発揮する機会が多く存在する反面、新時代にふさわしい能力をもつものともたないものとの格差が開き、ひとつの不平等や社会的不公正が生ずることにもなる。

(3)　制度改革的私企業の二つの条件

制度改革的私企業として成立するには、次のような二つの条件を満たす必要がある。

図2-5　「主体」からみた全体社会システムと企業社会システム

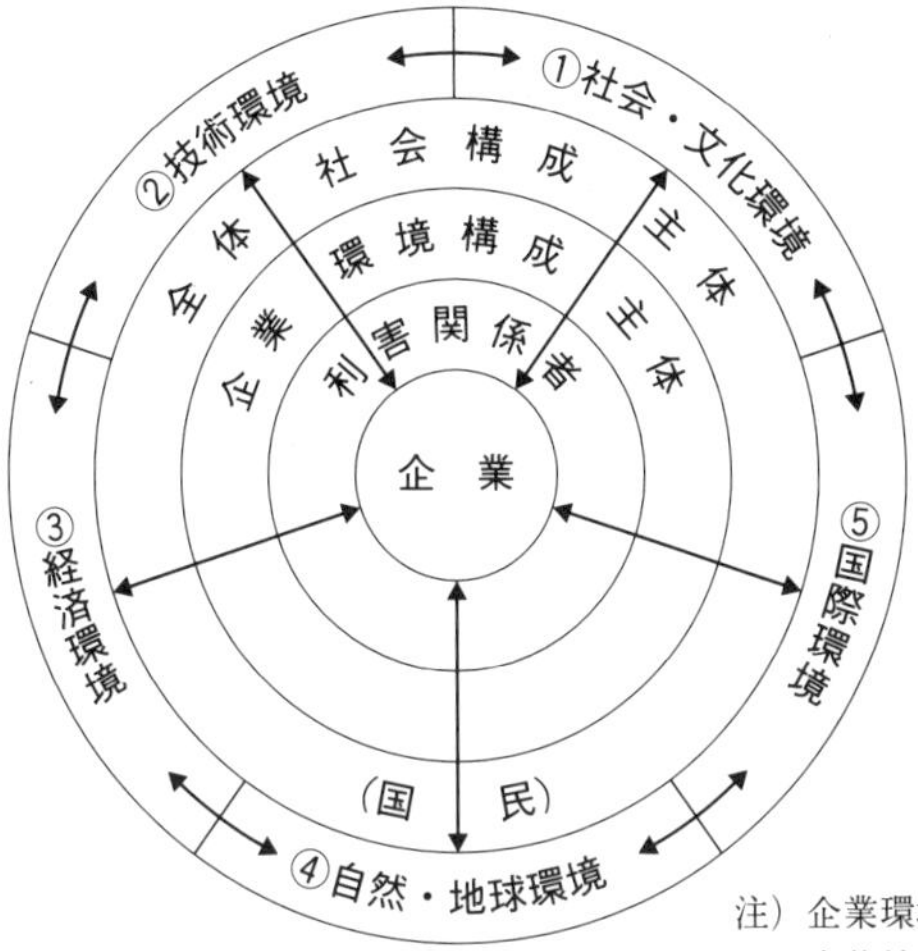

注）企業環境構成主体 ― 集団的自由主義
全体社会構成主体 ― 個人的自由主義

①　企業進化…人間主義・環境主義・市民主義にもとづく企業経営が行われていることが、企業社会から事後的・客観的に認識・評価されること。

このように企業進化は、企業社会を構成する環境構成主体から事後的・客観的に認識・評価されることから、企業情報の十分な情報開示が基本条件となる。

②　企業進歩…明確な企業理念（社是・社訓など）のもとに、既成の諸制度などにとらわれずに、自社情報発信者としての企業家（起業家）的な経営者の主体的なイノベーショナル経営や戦略的経営が連続的に志向され、実行されていること。

これは「制度改革論」の基本的考え方であり、その結果として、企業の「存続と成長」を達成することができる。

(4)　制度改革的私企業とその環境システム

現代産業社会は、企業系列・企業グループ・産業領域を越えた合併・買収・提携、さらに異分野・異業種への進出などによって、企業間・産業間のボーダレス化が進行しつつある。同時に、今日の社会では個々人の意識の向上や広がり、さらに価値観の変化・多様化などによって、制度改革的私企業をとりまく環境システムは急速かつダイナミックに拡大の一途をたどっている。

今日の全体社会システムと企業社会システムを主体という観点からまとめると**図2-5**のようになろう。

(5) 現代の環境変化の特質

これまでの技術的・社会的変化は、安定性（stability）を求める人間からなる「ホモステェイシス（同一の沈帯）」（homostasis）といった安定性を志向する集団・組織・制度・共同体（societies）によって、さらに変化の適応能力の蓄積によって、適応可能なレベルに変化の速度を押さえ込もうという動きがみられた。

しかし、現代社会は、さまざまなダイナミックかつ構造改革的な環境変化の真っ只中にある。現代では、むしろダイナミックな変化が求められている。ダイナミックかつ構造改革的な環境変化をもっとも端的に表わしている用語は「ネットワーク社会」の拡大である。このネットワーク社会をより一層促進させているのがエレクトロニック・コミュニケーション手段の普及である。

そこで、以下において、ネットワーク社会の特質を取り上げる。

① このネットワーク社会では、個々人の能力を発揮するチャンスが増える反面、能力主義・成果主義にもとづく競争社会となることから、比較的短期間で成果があがらない個人や企業などは自然淘汰される。このことは能力をもつものともたざるものとの社会的不平等や格差を生み出し、社会問題化する可能性をもつ。

② 現代は、ネットワーク、バイオテクノロジー、高齢化の進展による福祉・医療、環境改善などに関連した新しい事業や産業が求められていることと相まって、既存の諸組織・システム・制度から独立した諸個人・小規模企業・ベンチャー企業などのビジネス・チャンスが拡大する。

③ 既存事業や産業に関わる市場の分化・縮小化傾向の中で、既存の企業や組織間での相互依存性が増大しつつある。このことはネットワーク社会を促進させる要因となる。つまり提携を促進させると同時に、さらに買収や合併を促進させることになる。

今日のような激変する社会にあっては、通常の企業経営は、次のような限られたものにならざるをえない。[*10]

① 短期間でより激しく広がり、また複雑化しており、予測できる範囲も縮小化していることから、「動態的均衡」（dynamic equilibrium）を追求せざるをえないこと。

② 一層の変化率の増大、より多くの変化への遭遇、変化のより一層の短期化によって、問題解法（problem solution）はより短期間においてのみ有効とならざるをえないこと。

したがって経営者は、一方で、短期間で経営戦略を決定していくことが要求される。他方で、企業家的経営者には、日常的に、自社の将来ヴィジョンを描き出し、発信することが要求される。企業家的経営者は、常に、何がしたいのか、何をすべきなのか、どうすべきなのかを自問し続けることが必要である。競争社会では、“identity”のない個人や企業は変化の中に埋没してしまうだろう。

4 ● 企業社会の変遷

「企業社会」を分析するにあたり、時系列的・歴史的考察を取り入れる。「現代」は過去を規定する基点として生成されつつあるものである。われわれは現代的視点つまり現代社会との異質性を基準として、現代と過去との間に境界線を引き、過去を区分し、それぞれ位置づけ、さらに未来を予測する。

ここでいう「企業社会」とは、ひとつの企業にとって利害関係をもち、企業経営を行う場合に、環境構成主体として認識しておく必要がある集団・組織・システム・制度との相互取引・相互依存関係を通じて形成され、その時々で社会的・客観的に認知されている社会である。

そのような視点から「現代性」を導くには、「合理性」と「客観性」という二つの基準を満たさなければならない。さらに「現代社会」を理解するためには、高度に専門化し、発達した人間諸科学、つまり法学、経済学、政治学、社会心理学さらに経営学などの社会科学、物理学、生物学、生命科学、人間科学などの自然科学、倫理学、論理学さらに哲学などの自然学等々の諸科学を駆使するところの学際的アプローチ(interdisciplinary approach)をとることが不可避である。

(1) わが国の企業進化と企業社会

わが国の企業進化と企業社会の関係をまとめると、図2-6のようになるだろう。

(2) 企業社会の変遷

わが国の戦後の企業社会は、次のように分類されよう。

図2-6　わが国の企業進化と企業社会

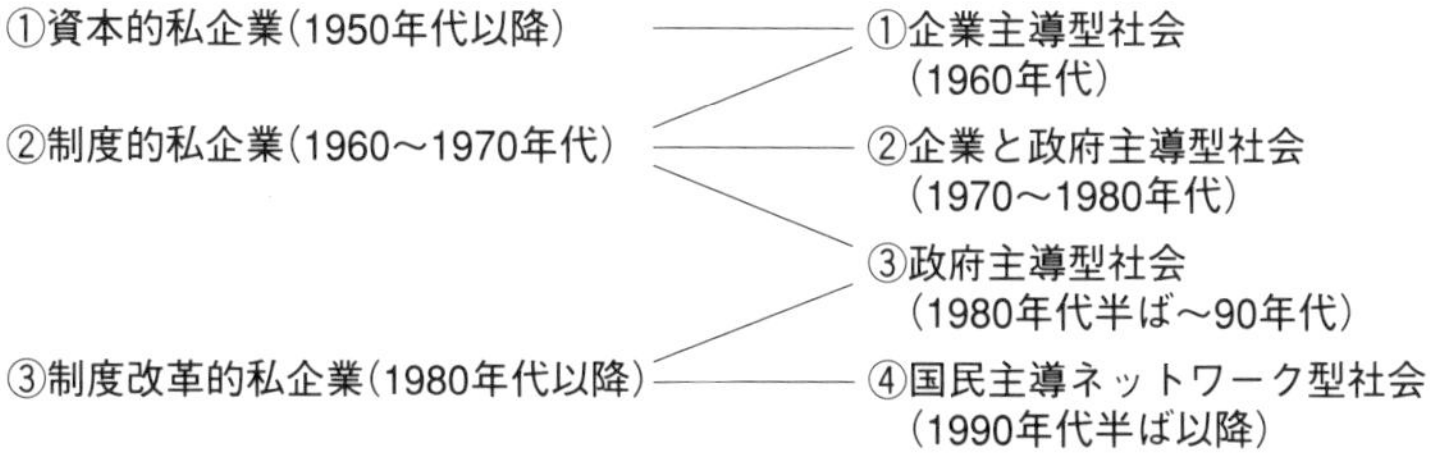

①　企業社会Ⅰ（一九六〇年代）―企業主導型社会、つまり企業を中心とした組織化・管理化進行の社会…戦後の高度経済成長期（〜一九七二年）、国民所得倍増計画（一九六〇年）、公害対策基本法の成立（一九六七年）。

近代市民社会の理念を貫く根本的な論理は「個の論理」あるいは「私の論理」である。そこで資本主義的経済活動の主体的存在としての私人・私企業は「私的自治」の原則に依拠し、飽くなき私的利潤追求を志向した。他方、近代国家は、自由な私的経済活動に対し、直接的・積極的には介入しないという自由放任主義が建て前であった。[11]

「日本的経営」も、この時期に戦後復興のために、労使一体化をはかり、一方で企業の業績をあげ、他方で社員の賃金の向上を目ざして慣習制度として生成された。ここでいう日本的経営とは、企業内組合・企業内福祉、年功序列賃金・昇進制、終身雇用制・退職金制度・稟議制度などの総称である。

②　企業社会Ⅱ（一九七〇〜八〇年代半ば）―政府と企業主導型社会…ドルショック（ドル防衛策の実施一九七一年）とその後の変動相場制への移行、政府主導の外交政策（日中国交正常化一九七二年）の活発化、政府・地方自治体の大型イベント・大型投資、政財界の相互依存体質の強化、第一次・第二次オイルショック（一九七三・一九七九年）。

わが国では雇用機会の確保や経済的・物理的な意味での国民生活の向上といったタテマエの部分で、政府と企業の利害が一致することから、政府は企業や産業界に対し積極的に関わってきた。政府主導による、海外企業に対抗した国内産業の再編・育成などといった、いわゆる「日本株式会社論」が展開されてきたのである。

わが国企業は大規模化や巨大化の進行によって、環境構成主体の拡大・多様化および経営管理技術の複雑化・高度化に伴って、高度な専門的知識や経営管理技術を要求される専門経営者が出現した。この企業の主体としての専門経営者は当該企業の活動範囲の拡大・環境構成主体の多様化やインパクトの増大によって、公人化が要求され、公人としての行動が期待されるようになった。同時に、企業にも社会性・公共性が要求される社会制度化が進行し、大企業の経営者と政府の関係も一層緊密なものとなっていった。

このように、第二次世界大戦後の高度産業社会には、①巨大私企業における公と私の不分明性、つまり私企業の機能における社会性・公共性の増大がもたらされた、と同時に②経営者と高級官僚との積極的提携が進行していった。

③　企業社会Ⅲ（一九八〇年代半ば～一九九〇年代半ば）―政府主導型社会…政府による管理貿易の進行、行政大綱（「小さな政府」一九八五年）、民営化の進行（「規制緩和」一九八五～八七年）、バブル期（一九八七～九〇年）、社会全体の方向性の喪失。

④　企業社会Ⅳ（一九九〇年代半ば以降）―国民主導ネットワーク型社会…既存の組織や管理の時代の終焉、個人主義と自由主義にもとづいた能力主義や自由競争を原理としたネットワークおよびボーダレス社会、IT革命[*12]の進行なども相まって、安定的な組織社会から、漸次的に、柔構造をもったネットワーク社会へ移行。個人主義の台頭によって、自らの社会・自然環境への関心も高まりつつある。

注＊

1 Theodore J. Low, *The End of Liberalism*, UNI Agency, 1979（Th. J. ロウィ、松村岐夫監訳『自由主義の終焉—現代政府の問題性』木鐸社、一九九〇年、二七頁）。

2 Russell L. Ackoff, *Creating the Corporate Future*, John Wily & Sons, Inc., 1981, pp. 8 -10.

3 Ibid., pp. 26 - 27.

4 Theodore J. Low, op. cit.（Th. J. ロウィ、松村岐夫監訳、前掲書、五三頁）。

5 John R. Commons, *Institutional Economics*, The University of Wisconsin Press, 1934, p.98 and pp.698 - 699. Commons, *Legal Foundations of Capitalism*, Augustus M. Kelley, Publishers, 1924. p.89.

6 Rusell L. Ackoff op. cit., pp. 27-29に加筆・修正。

7 Peter F. Drucker, *The Changing World of the Executives*, Truman Talley Books. Time Books, 1982（久野桂・佐々木美智男・上田惇生訳『変貌する経営者の世界』ダイヤモンド社、一九八二年、五六～六二頁）。

8 Russell L. Ackoff, op. cit., pp. 46 - 48.

9 Ibid., p.16.

10 Ibid., p.3 - 5.

11 木村尚三郎著『歴史の発見—新しい世界史像の提唱—』中央公論社、一九八七年、二六頁。

12 ＩＴ革命とは、パソコンの小型化・軽量化・低価格化、それによるパソコンの普及、インターネットの各個人レベルへの浸透を意味する。

第3章 イノベーションと戦略的経営

本章では、現代企業をとりまく具体的な環境変化の中で「制度維持論」から「制度改革論」、「経営戦略」から「戦略的経営」への展開の必要性、および制度的私企業や制度改革的私企業における経営者の主体的な進歩の必要性、さらにその具体的内容としてのイノベーショナル経営を取り上げる。

ダイナミックスは非周期的でランダムな変化と非連続的な変更の論理である。それは、次のように分類される。*1

① 局所的ダイナミックス…システム内の非周期的でランダムな変化に対するシステム内での非連続的変更を要求する状況。

② 多極的ダイナミックス…システムの変更に伴うシステム外の個人、部分、全体に価値観の変更を要求するような状況。

③ 全域的ダイナミックス…システムを以前とまったく異なるフレームや性質に変更することが必要な状況。

③のような、投入される資源や行動パターンのまったく異なるシステムへの変更が必要な状況においては、システムの不均衡を適切に調整するメカニズムを創造する企業家（enterepreneur）が必要とされる。この企業家には、人間社会の進歩（progress＝主体的進化）と新しいシステムの創造を可能にする「創造的知性」（creative intelligence）が要求される。

1●制度改革的私企業と制度改革論

まず、制度改革的私企業をさまざまな角度から分析することにしよう。

(1) 現代企業をとりまく環境変化と企業対応

現代企業社会の環境領域とその変化は、次のように分類されよう。なお、第2章の**図2-5**を参照されたい。

(a) 社会・文化環境

① 国民の高学歴化や物的生活水準の向上を背景とした消費者の細分化・多様化・個性化、および消費者の好みの多様化・個性化。
② モノへの関心から人間および人間の健康、自然、文化、知識、知恵、時間（余暇）、高度教育（リカレント教育、大学院教育などを含む）への関心の高まり。
③ 高齢化社会の進行。
④ 男女共同参画型社会への関心の高まり。

(b) **技術環境**

① 情報技術（IT）やネットワーク技術の急速な発展…ME（microelectronics）技術の進展に伴い、ニューメディア（コンピュータ、携帯電話など）、OA機器、あるいはVAN（value added network）、LAN（local area network）技術の急速な進展。

② 「ハード」の生産から「ソフト」の生産へ重点が移り、研究開発、財務、企画・調査、コンピュータ関連、マネジメントにたずさわる人びと、つまり"knowledge worker"（知識労働者）の増加。

③ マイクロコンピュータを組み込んだME機器の普及による自動化、小型・軽量化、多機能化製品の開発と機器間ネットワーク化の促進。

④ バイオテクノロジー（biotechnology、生命工学）つまり遺伝子の組み替え、組織培養などによる新薬の開発、食糧増産、石油に代わる植物の燃料化（biomas）の技術開発の推進。

⑤ ニュー・セラミックスや形状記憶合金などの技術開発の進展。

⑥ 環境（eco）技術、つまり使用電気量を少なくする省エネ型技術、排出ガスが少なく環境にやさしいエンジン開発、電気自動車の開発、フロンに代わる代替製品開発技術、資源再利用技術の開発促進。

⑦ ナノテクノロジー（nanotechnology）とは、ナノメートル（一〇〇万分の一ミリ）単位で加工・計測する技術、つまり超々精密技術で、燃料電池向けの水素貯蔵材料、高集積チップ、抗エイズ薬などへの応用が期待される炭素系新素材、体内に進入して病気を治療するロボットの開発などへの期待の高まり。

(c) **経済環境**

① 既存産業、つまり鉄鋼や造船といった重厚長大産業の衰退・再生（本業の縮小、事業の多角化、異業種への参入）、さらに自動車・電気機器、機械産業の成熟化（内外にわたるコスト・製品開発競争の激化・再編）。

② 消費者の製品への好みの多様化と個性化による各製品市場の縮小化と国内市場全体の縮小化。

③ 市場規模の限界、ネットワーク技術の進展による脱巨大組織化つまり企業のグループ化・ネットワーク化の進行。

④ モノづくり産業から知識産業や新産業（ＩＴ産業、ネットワーク産業、バイオ産業、エコ産業、健康産業、福祉産業など）への労働移動、技術研究開発や公的支援の重点移動。

(d) 自然・地球環境

① 二酸化炭素（CO_2）から酸素をつくり出したり、地表から大気に還元される水分を調整したり、気温を調整したりするなど森林の果たす役割が大きいことの認識。

② 二酸化炭素など温室効果ガスによって地球の温暖化が進み、沿岸部や島々の水没・生物の活動範囲の縮小、干潟の消滅による海水浄化作用の低下や渡り鳥の生育地の減少などへの懸念の広がり。

③ 焼畑耕作や森林の農地への転用、過剰な薪炭材の採取、放牧地の拡大、燃料や輸出用としての過度の木材の伐採などによる森林の破壊や砂漠化の急速な進行、マングローブの伐採による海岸線の後退などへの対応。

④ 酸性雨の原因となる硫黄酸化物（SO_X）、窒素酸化物（NO_X）の元となる硫黄分や窒素分、地球温暖化の主原因とされる炭酸ガスの元となる炭素分を含有する化石燃料（とくに石炭や石油など）に代わる「地球に優しいエネルギー」（太陽光発電、風力発電、太陽熱、燃料電池、メタノール・石炭液化

など）開発への期待の高まり。

(e) 国際環境

① 主たる対立軸が、東西対立・南北対立から宗教・民族対立にシフト。

② グローカライゼーション（glocalization，地域主義に根ざしたグローバル化）の台頭、つまりグローバル志向から地域のつながり、文化、民族、マイノリティ重視の方向への転換。

③ NIES（Newly Industrializing Economies、新興工業国・地域…韓国、台湾、香港、シンガポールなど）、中国やASEAN（Association of Southeast Asian Nations、東南アジア諸国連合…インドネシア、マレーシア、フィリピン、シンガポール、タイなど）の経済的発展。

④ わが国の国際経済への貢献要求の高まりと国内市場開放への圧力の高まり。

⑤ わが国の人びとと海外の人びととの人的交流の拡大、外国人技術者・労働者の増加、研究生や留学生の増加。

(2) 制度維持論と制度改革論の思考原理

本項では、まず、イノベーションとの関連で経営と管理を分類し、経営の内容として経営戦略と戦略的経営の相違点を明らかにする。そのような分類は**表3-1**のようになろう。

表3-1　経営と管理

グレード	管　　理	経　　営	
		経営戦略	戦略的経営
目　　標	改善・改良	イノベーション	
指　　標	効　率　性	部分的効果性	全体的効果性
必要な要素	知　　識 ／ アイディア・知恵		
	経　　験		

イノベーション
- 経営戦略 —— 制度維持論 —— 企業主体である専門経営者の主たる職務は，変化への対応と戦略化
- 戦略的経営 —— 制度改革論 —— 企業主体である企業家的専門経営者は，変化の創造と戦略化

また、経営の中身である経営戦略と戦略的経営は、制度的私企業の背景をなす「制度維持論」と制度改革的私企業の背景をなす「制度改革論」と、上のような関係をもつであろう。以下、制度維持論と制度改革論を比較検討しながら、それぞれの思考原理の特徴を明らかにしたい。

(a) 制度維持論

制度維持つまり「存続と成長」を最終目標とする①連続的で内部的な創造的破壊思考、②機会主義的思考（内外の変化を制約ととらえ、さらに新技術・新製品・新市場・新システムなどの開発チャンスととらえ、実行性のある経営戦略を志向する）、③時系列的・歴史的・継続的思考、④連続的発散と収束思考、⑤バランス思考、⑥「振り子の原理」などを特徴とする。

ここでいう④の連続的発散と収束思考とは、企業経営を行う場合、例えば、わが社にとって制約とは何かを探索する場合は発散思考をとり、次の段階で制約要因のうち、どれに着目し、どの経営戦略を採用するかを決定する際には、収束思考にもとづいて、自社の社是・社訓や自社の経営能力などの制限的要素を鑑みつつ実行性のある経営戦略を採用していくというものである。

また⑥の「振り子の原理」は社会変化と企業の影響力を説明するための考え方であり、以下の四つの特徴をもつ。

ⓐ　おもりである変化が当該企業に近づけば近づくほど振り子は激しく振れ、当該企業に多大なる影響を及ぼす。また変化が当該企業に近づけば近づくほど、当該企業にとって認知度は高まり、企業の対応もスピーディになる。

表3-2　経営戦略論における意思決定

	課　題	主要な決定事項	主たる特性
戦略的意思決定	企業の資本収益力を最適度に発揮できるような製品一市場ミックスの選択	諸目標および最終目標，多角化戦略，拡大化戦略，経営管理組織戦略，財務戦略，成長方式，成長のタイミング	集約的に実施，部分的無知，非反復的，非自然発生的
管理的意思決定	最適度の業績をあげるための企業資源の組織化・調達・開発	組織構造化一情報・権限・職責の組織化。資源転化の組織化一仕事の流れ・流通システム・諸施設の立地。資源，つまり人材・原材料・設備・資金などの調達と開発	戦略と業務とのコンフリクト，個人目標と組織目標間とのコンフリクト，経済的変数と社会的変数との強い結合関係，戦略的問題や業務的問題に端を発する問題の多いこと
業務的意思決定	資本収益力を最適度に発揮できるように，主要機能分野に予算配分を行うこと	業務上の諸目標と最終目標，販売価格と生産高，生産の日程計画や在庫量など,マーケティングの方針と戦略，研究開発の方針と戦略，コントロール	分権的実施，リスクと不確実性を伴うこと，反復的，多量的，最適化は困難で二義的，自然発生的

出所：H.Igor Ansoff, *Corporate Strategy*, 1965, McGraw-Hill, Inc.（H.I.アンゾフ著，広田寿亮訳『企業戦略論』1969，産業能率短大出版部，6～12頁を参考に作成。）

ⓑ　おもりである変化が当該企業から離れれば離れるほど振り子は大きく振れ、その振れのスピードが遅くなるから、企業への影響力は当面小さいが長く影響を受ける可能性がある。

ⓒ　おもりである変化の大きさの大小は、振り子のスピードや振幅つまり企業への影響力や影響時間とは、当面、直接的には無関係である。

ⓓ　振り子は他の力が加わらない限り、いつかは停止する。つまり安定する。そのように安定するのは、企業がその変化に対応した場合や、その変化自体が意味をなさない補完的な要因に変質したことを意味する。

以上のような特徴をもつ制度維持論は、連続性をもった変化の波を想定しており、企業維持を前提としていることから、企業そのものの枠組みや基本的理念の変更などを求める状況を想定していない。つまり、そこで要求される最高次の意思決定は戦略的意思決定である。

H. I. Ansoffによれば、経営戦略論における意思決定は、戦略的意思決定のほかに、管理的意思決定や業務的意思決定に分類される。それぞれの意思決定の課題、主要な決定事項および主たる特性をまとめると**表3-2**のようになる。

これに対し、Kenneth R. Andrewsによれば、「経営戦略（corporate strategy）とは、企業がどんな事業に属しているのか、あるいは、どんな事業に属すべきか、またはどんな種類の企業なのか、あるいは、どんな種類の企業であるべきかを明確化するように表明された企業の主要目的、意図、あるいは、目標ならびにこれらの目標を達成するための基本的な諸方針と諸計画などからなる構図である」という。[*2] そして戦略は次のような四つの構成要素からなるとした。[*3] それは、①市場機会（market opportunity）、②企業能力と諸資源（corporate competence and resources）、③人的価値と意欲（personal values and aspirations）、④株主以外の社会的構成員の存在承認の義務（acknowledged obligations to segments of society other than the stockholders）である。

(b) 制度改革論

制度維持論の思考原理を内包しつつも、本質的・全般的な枠組みを含めたリストラクチャリングを志向する連続的な創造的破壊思考にもとづいたイノベーショナルな経営つまり戦略的経営を行う。その結果として、企業は「存続と成長」をなしえるものと理解する。この制度改革論では、常識や既成事実の通用しない逆発想、断絶的歴史観にもとづく創造思考、主にアイディアや知恵にもとづく変化創造の機会主義的思考などを特徴とする。このような思考原理にもとづいて、すべてに変化を創造する戦略的経営を志向するのが制度改革的私企業である。

先の制度維持論における制度維持を前提とした経営戦略と制度改革論における戦略的経営を総称してイノベーショナル経営と称することにしたい。

(3) 制度改革的私企業における企業経営の進化と進歩

本項では、トップ・マネジメント論が追い求めてきた経営戦略さらに戦略的経営の実施による「企業進歩」(business enterprise progress)、企業進歩の事後的・客観的評価結果としての「企業進化」(business enterprise evolution)、さらに環境構成主体からの要求である人間主義・市民主義・環境主義にもとづく企業経営に対する客観的評価結果としての「企業進化」について論及する。このような企業進化の議論は、今日の"corporate governance theory"[*4]でも対象となっていることである。

(a) 企業進化と企業経営の進化

現代社会は、物質的・経済的レベルからみれば、資本主義経済の飽くなき私的利潤追求の結果として、後期資本主義社会特有の成熟化した「モノの豊かな社会」となった。言い換えれば、現代社会は戦後一貫した経済成長至上主義・利益第一主義の結果として生まれた社会である。しかし、そのような状況に対して変化が見え始めたのは周知の事実である。その①は、生活環境の悪化に対応した自然環境への回帰、言い換えれば生活環境と自然環境との関わりの再認識である。②は、自然とのバランスを欠いた科学技術文明の「暴走」への脅威である。現代では人間社会や自然環境を踏まえた研究開発(R&D)の必要性が強調され始めた。その③は、消費の変質である。

①の人間社会と自然環境との相互作用を図式化したのが、**図3-1**である。

③の消費の変質とは、「モノからコトへ」「消費の個性化」「生活様式の多様化」「感性」「商品の差別

図3-1　人間社会と自然環境との相互作用

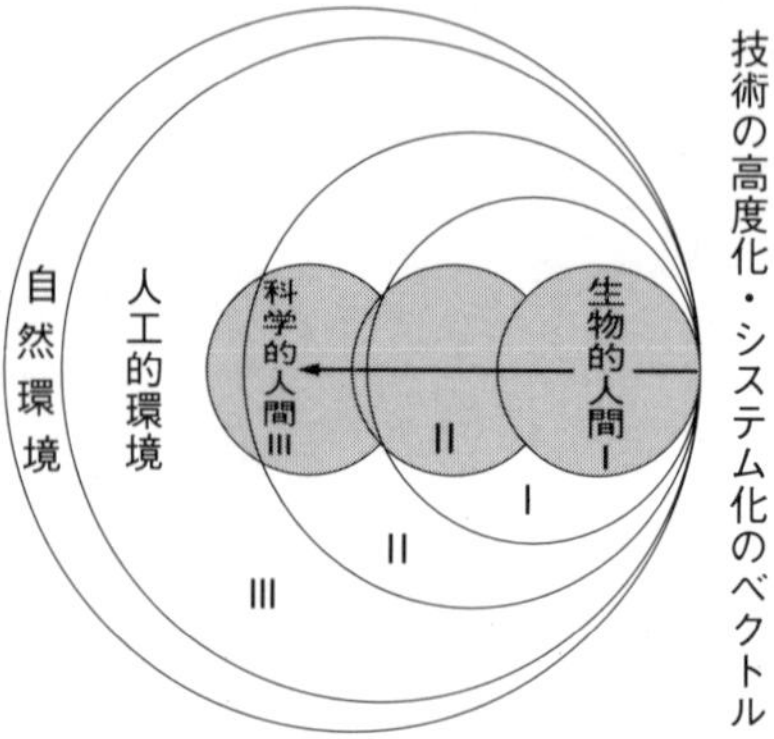

（注）
生物的人間：生きることを主たる目的とする人間
科学的人間：科学技術文明のもたらしたものに依存する人間
自然環境　：人間の手が加えられていない環境
人工的環境：西洋合理主義に根ざした科学技術文明によってつくられた社会的環境

化・記号化」「消費者の小衆化・分衆化」などである。現代の商品価値は、実体としての商品の使用価値よりも象徴的価値つまりデザイン、形、カラー、ブランド、容器などの感性的イメージに大きく左右される。[*5]

「飽くなき過剰消費」へ狂奔し、際限のない相対的欲求からなる社会、「差異とイメージ」から使い捨て文化の社会、つまり「高度大衆消費社会」(high mass consumption society) では、浪費構造 (waste making) の体制化によって「自然環境の破壊や生活環境の悪化」がもたらされてきた。[*6]

したがって、これからは科学と自然とのバランスを考えた人間重視の方向を模索することが必要である。消費財に関わる科学技術開発の限界点への到達によって、「物質代謝」が衰退し、物質的豊かさへの欲求が減退することによって「情報代謝」も衰退する。それは、やがて「生命代謝」への関心の高まりによって、科学と自然との共存の必要性の増大、「人間の尊厳」の意味の再構築が必然的に要求されるようになってきた。

そこで、現代企業には人間社会や自然社会の一員として、人間主義・市民主義・環境主義にもとづいた製品開発、市場開発、技術（製品機能技術・生産システム技術・エコ技術・介護技術など）開発などが求められている。現代企業は、これらの社会的要求に答えることによってのみ、当該企業の環境構成主体による客観的な社会的評価が得られるのである。つまり、当該企業は進化したとして評価され、その後の環境構成主体の動向に影響を与えうるのである。

(b) 企業進歩と企業経営の進歩

「企業進歩」は企業経営の進歩、つまり経営戦略と戦略的経営を内包するイノベーショナル経営を志向することによってのみなしえる。このイノベーショナル経営を実践するのは、創造的イノベーターである企業家的経営者である。企業進歩は、企業主体としての、このような経営者によってイノベーショナル経営がなされた結果なのである。このようなイノベーショナル経営の結果を評価するのは、とりわけ労働者、株主、金融機関などの直接的な利害関係者なのである。このような利害関係者の評価によって、企業主体としてのイノベーショナル経営が客観化される。もし、利害関係者の評価が得られたなら、それは企業が「進化」したということである。

(4) 制度改革的私企業とイノベーショナル経営

制度改革的私企業は、常に、イノベーションを追求し、効果性を追求する。飽くなき進化と進歩を求めることこそ、現代企業に求められているのである。以下において、制度改革的私企業における戦略的経営の特徴的な要素をまとめておくことにしたい。

(a) 戦略的行動（strategic behavior）

① 目標は効率（efficiency）よりもイノベーションによる効果（effectiveness）追求。
② オペレーションおよび事業レベルの戦略よりも、企業レベルのより将来的・本質的な戦略が中心。

③ 資金や技術などの内部蓄積による戦略よりも、機動性を重視し、合併・買収・提携や共同出資による子会社設立など外部資源活用戦略が中心。

④ 本業中心の戦略よりも本業の転換や新規事業開発戦略が中心。

(b) **組織（organization）**

① 階層的な組織の場合は、タイムリーな意思決定が求められるためにより集権的、下位はより分権的・民主的組織へ移行。

② 組織の分権化の促進により、企業グループのボス的存在あるいはコーディネーターとしての小さな本社への移行。

③ 分社化し、円環状の水平的分業ネットワーク組織への移行。

(c) **制度・慣行（institution and custom）**

① 終身雇用制は、人的資源や職務内容のより高度化・ハイテク化へのミスマッチや早期退職制の導入などによって、原則的長期雇用制への移行。

② 年功制は、ゆるやかな年功制＋能力主義に移行。

③ ＴＱＣ（Total Quality Control）は、労働者にとってより自主的かつ将来的なものへ移行。

④ 企業内組合は、御用組合から脱し、経営者のパートナーとしての存在価値の再定義。

⑤ 企業内教育は一部で維持されるが、若者を中心とした労働市場の流動化によって、企業内教育（on-the-job training, job rotation etc.）比率は低下し、その分、専門職化した労働者雇用の比率の増加。

(d) **人的資源（human resources）**

① 同質的人材よりも異質的・より専門的人材需要の高まり。

② 集団主義よりも個人主義的傾向の高まり。
③ 企業人間よりも家庭中心の人材の増加。

(e) **行動様式（behavior style）**

ものまね的イノベーションから企業家的イノベーションへの転換。

以上が、制度改革的私企業の項目ごとの特徴である。

さらに制度改革的私企業における企業家的戦略的経営の目指すものとして、次のような項目があげられよう。[*7]

(a) "network company"（ネットワーク企業）への脱皮…組織改革、情報化・ネットワーク化、国際化、グローバル化、分権型さらに分散型円環状ネットワーク経営の促進。

(b) "intelligent company"（知的生産企業）への脱皮…知的集約型企業、"knowledge management"、労働者のより高度な専門家への脱皮の推進。

(c) "human company"（人間中心型企業）への脱皮…人的資源の主体や創造性の重視、民主主義や仕事ロイヤリティの促進。

(d) "opportunity company"（機会活用型企業）への脱皮…行動様式、戦略的行動、制約を成長の機会ととらえ、社員や市場の自己実現欲求に応え、柔軟で自由闊達な企業への脱皮。

(e) "glocal company"（土着型地球企業）への脱皮…日本の文化、日本的諸制度・慣例、国際化・グローバル化、地域の住民・歴史・文化の重視。

2●経営資源と経営資源戦略

経営資源の調達・開発・活用は、企業にとって基本的かつ中核的課題である。ここでいう経営資源とは3M＋TICT《ティクト》を意味する。さらに派生的な経営資源についても経営戦略との絡みで分析することにしたい。

(1) 経営資源と個別資源戦略

経営資源を三つの次元でとらえ、段階的に考えてみよう。

(a) 第一次的資源戦略

3M

①ヒト…人的資源の雇用・教育・能力開発戦略。
②モノ…原材料・部品・設備調達戦略。
③カネ…資金調達・運用・投資戦略。

(b) 第二次的資源戦略

TICT

①テクノロジー…生産・製品・情報などの技術戦略。
②インフォメーション…情報収集・分析・創造戦略。
③カルチャー…文化活用・創造戦略。
④タイム…研究開発・製品開発などのスピードアップ戦略、生産から販売までのリードタイムの短縮戦略、ジャスト・イン・タイム戦略。[*8]

(c) 第三次的資源戦略

経営力(トップの経営者能力を中核とした企業経営能力)

① 基礎研究・製品開発戦略。
② 機能別経営戦略…生産戦略、マーケティング戦略、人事戦略、財務戦略など。
③ 市場開発戦略。
④ 情報ネットワーキング戦略。
⑤ 組織一体化戦略…帰属意識・参加意識向上戦略、CI(corporate identity)[*9]戦略。
⑥ 弾力的組織生成戦略。
⑦ 国際的経営戦略…国際的競争戦略、国際経営戦略。

(2) 経営資源の集中化・細分化・囲い込みとネットワーク化戦略

本項では、経営資源の集積度に応じた経営戦略を分類し、それぞれの分類の中に含まれる具体的な経営戦略をあげてみた。それは以下のようになるだろう。

(a) 資源の切り捨て・集中化戦略…業績悪化や撤退による資源の切り捨て、集中化戦略、将来事業への資源集中化戦略など。
(b) 資源の分割・細分化戦略…多角化や新事業の展開による資源の分割・細分化戦略など。
(c) 資源のネットワーク化戦略…既存の細分化された資源のネットワーク化戦略、既存の資源と新規に加えられた(または囲い込まれた)資源のネットワーク化戦略、既存の集中化された資源と外部資源とのネットワーク化戦略、既存の細分化された資源と外部資源とのネットワーク化戦略など。

3●企業文化のイノベーションと創造

わが国は、第二次世界大戦後、自然や人間としての個人の生活を押しのけ、西洋合理主義にもとづく物質文明や科学技術文明を追い続けてきた。その結果として、国民社会は成熟社会の到来とともに、モノレベルでは豊かになった。しかしモノレベルでの目標を失った中間層と呼ばれた人びとは、次なる目標を失った状態のまま一九八〇年代を過ごしてきた。新しい文化の萌芽がみられるようになったのは一九九〇年代である。それは、①人間や自然環境へのこれまでにない関心の高まり、②農業や地方文化への関心の高まり、③ゆとりや趣味への関心の高まり、④モノへのこだわり、いやし系商品への関心の広がり、⑤歴史認識の見直し、アジア諸国への関心の高まり、などといった現象となって現われている。

現代社会の根源的なうねりは、人びとの価値観の変化である。一九八〇年代に入り、それまでの物質的価値観や組織・制度依存社会が崩壊する中で、徐々に「科学技術文明」から伝統に根ざす「文化の時代」へと移行し、「物質文明や都市文明」から「精神文化や地域・農村文化」へと関心や価値観が変化してきたのである。そして「調和と連帯」あるいは「対話と協調」が希求され、「コミュニケーション（つなぎ）社会」が求められるに至った。[*10] さらに、一九九〇年代半ばから「個の時代」に入り、「ネットワーク社会」が胎動し始めた。

前述のような人びとの価値観の変化の背景としては、次のようなことがいえよう。

① 物質文明や技術文明によって導かれた物質生活の向上が一定の限界点に到達したこと。
② それと反比例し、人間生活を取り巻く自然環境や社会環境が悪化の一途をたどっていること。
③ 物質生活に関わる技術進歩が一定の限界点（“breakthrough”的技術革新の減少、例えば、かつての

表3-3　企業文化の構成アイテム

企業文化	観念文化	企業哲学，経営理念，社是・社訓，会社綱領
	制度文化	伝統，慣習・慣行，儀礼・儀式，タブー，規則
	行動文化	社員に共有された思考，行為様式，社風，風土（ワーク・ウェイ，リーダーシップ・スタイル，接客マナー，言葉づかい，雰囲気）
	視聴覚文化	マーク，シンボル・カラー，社旗，社歌，社章，ユニフォーム，ロゴタイプ（logotype），シンボルとなる建物

出所：梅澤正著『企業文化の革新と創造』有斐閣，1990年，59ページ。

ICつまり集積回路に匹敵するような技術革新の減少）に到達したこと。

④　物質的な経済成長が、国内レベルではすでに限界点に到達していること。

⑤　国際的交流の活発化、国際的開放圧力などによって、内なる国際化がますます進行していること。

このように経済レベルや物質的生活レベルでの総合的限界点に到達したことによって、モノ離れ、余暇時間の活用、レジャー指向、教育への投資の増加、閉塞感の中で、知識や創造力と結びついた知恵（wisdom）への関心の増大、人や自然と接触することによって安心感を享受しようという行動などに現われている。

(1)　企業文化と経営理念

社会的に価値観のウエイトが文明から文化へシフトする中で社会文化が「企業文化」を呼びさまし、ひいては個別企業の「企業内文化」を喚起し、その重要性が企業経営や経営戦略レベルで認識されるようになった。

狭義の企業文化とは「人びとが信じている価値観と行動パターンであり、社風、組織風土、組織の空気…からなる」[*11]という。

これに対し、広義の企業文化は「企業が培養し定着させている価値と規模の総称」であり、①観念文化、②制度文化、③行動文化、④視聴覚文化からなる。[*12] このような分類を表わしたのが**表3-3**である。

このような広義の企業文化は、次のような企業の全体とその構成メンバー双方の思考・行為の「パターン形成」をその基本機能とする。[*13]

① 対メンバー機能―社員の期待の充足…社員への思考・行動様式の青写真の提供、企業に蓄積されてきた知的資産（知識・情報・技能・思考等）の享受、企業への帰属や貢献の意味の付与。

② 対組織機能―組織形成…組織の統一と連帯の強化、組織としての独自性（identity）の確立、揺るぎない信念的な組織行動。

③ 対外的機能―社会からの承認と高い評価の確立…企業がめざしているものや性格の外部への明示、絶えざる革新と前進をしているという社会的評価の獲得、文化への高い関心と文化への貢献（企業メセナ）による企業イメージのアップ。

観念文化である「経営理念」は、企業の社会における役割、社会的責任、方針、経営戦略、行動指針などの重点を簡潔な言葉、感情に訴えるような言葉やシンボルで表わしたものであり、経営組織の基本的方向、共通の価値を定めたものである。その多くは社是・社訓や社歌で表現され、企業哲学、イデオロギー、企業家精神、経営スタイル、エートス（ethos、気風・精神）、経営ヴィジョンなどを内包する。[*14]

(2) 企業文化のイノベーションと創造

技術文明や物質文明、さらに西洋合理主義にもとづいて求め続けられてきた「物質的・経済的豊かさ」の限界点に到達したことによって、一九八〇年代以降は「精神的・文化的豊かさ」への欲求が高まり、一九九〇年代は少しずつその花が咲き始めた。そのようなプロセスにおいて、人びとの価値観や関心が「モノ」から「ヒト・時間・知恵」へ、そして「文明」から「文化」へとシフトし続けている。社会が物質的・経済的に成熟化し、欲求が高質化（個性化・品質やデザインの高レベル化・ブランド指向など）している状況にあっては、まず企業文化を根本的に見直し、経営理念を再構築し、組織を活性化し、アイディアを出し合い、議論を戦わすような組織風土づくりが欠かせない。それによってイノベーショナル能力を高め、企業の生命力を高めることができるのである。

(a) 一九八〇年代の企業文化

一九八〇年代の企業文化は、経営資源としての企業文化であり、変革やイノベーションの対象であった。その背景は①"restructuring"つまり業際革命、多角化、新創業などの事業再構築に関わる経営戦略、②"image up"つまり社名のカタカナ化やシンボルマークの採用等、③"identification"つまり社員の企業への一体感や帰属意識の高揚、自己実現・自己主張による社会からの存在証明の獲得、④"beyond bureaucracy"つまり官僚制の克服のためのＯＤ（組織開発）やＴＱＣ（Total Quality Control）である。[*15]

変革やイノベーションの対象として企業文化に関わる経営戦略上の課題は、次のようなものである。[*16]

① 自社独自の企業文化の構築。
② 経営理念の末端までの浸透と社員の思考・行動への体現。
③ 企業イメージ向上のための文化の視点からの経営活動の見直し、文化活動への取り組み。
④ 事業の再構築のための社風や組織風土のイノベーションや社員の思考・行動様式のリフレッシュ。
⑤ 大企業病の克服や全社員が自信と誇りをもてるようにするための閉鎖的組織風土の革新。
⑥ ＣＩの確立による社員の一体感の確保。

したがって、トップ・マネジメントは、①自社の文化が社会的変化やその予測に合致しているのだろうか？ ②革新志向的・外部志向的・積極的な活力ある企業文化か？ ③手段志向的・処理志向的・画一的・セクショナリズム的な傾向を示す官僚的企業文化に陥っていないか？ ④保守的・短期志向的・内部志向的な沈滞した企業文化に陥っていないか？ といったことを常に自問自答する必要がある。

(b) 一九九〇年代以降の企業文化

一九九〇年代の企業文化は、企業活動のあり方を診断する基準としての企業文化であり、創造していく実体としての企業文化である。その背景は、①"globalization"つまり日本企業の世界的視野での発想、地球的規模での活動への要請、②"high－touch management"つまり社員の人生と生活への充足感を高めうる企業づくりと経営施策、③"corporate citizenship"つまり企業市民権の確立、「社会―会社―社員」のスリー・フィット志向の要請、④"paradigm－shift"つまり企業・組織・仕事・社員など企業経営に関わる要素について、思考の枠組みが転換されつつあることである。[*17]

したがって、一九九〇年代以降においては、企業文化との関連でいえば、次のような経営課題を実行していくことが不可避である。[*18]

① 経営のグローバリゼーションをふまえた、国際社会で通用する「フレキシブルで開放的で寛大な企業文化の創造」。

② 経済性や効率性に終始してきた、これまでの企業経営の見直し、「社員のロマンと感動を重視する企業文化の創造」。

③ 企業経営に、社会とともに歩み、社会市民として認知されるような、「社会性豊かな企業文化の創造」。

④ 二一世紀に羽ばたく企業づくりに向けての、これまでの経営思想と経営技法の根本からの見直しによる、「新しい創造的な企業文化の確立」。

企業文化を根本から見直し、二一世紀にふさわしい企業文化を創造することは、戦略的経営の基盤を確立することであり、今日の制度改革的私企業の出発点である。

注＊

1 Richard H. Day, Chapter IV ; Disequilibrium Economic Dynamics（今井賢一編、川村尚也訳『プロセスとネットワーク—知識・技術・経済制度』NTT出版株式会社、一九八九年、一三二～一三五頁）。

2 Kenneth R. Andrews, *The Concept of Corporate Strategy*, 1971, Dow Jones - Irwin, Inc., p. 28（ケネス・R・アンドルーズ著、山田一郎訳『経営戦略論』一九七六年、産業能率短大出版部、五三頁）。

3 Ibid., p.38（同上六五頁）。

4 コーポレート・ガバナンスは企業統治または企業支配と訳される。企業統治に関連して、企業は誰が支配すべきか、企業は誰のためにどのように経営されるべきかということを内容とする。企業統治論では株主重視の経営、つまり株主への説明義務（accountability）、情報公開（disclosure）、株主利益の重視などが求められる。しかし、第2章でも議論してきたように、企業は株主や従業員だけでなく、消費者・取引企業・地方自治体・金融機関など実にさまざま利害関係者に支持され存在しているのである。したがって、このような多様な視点からコーポレート・ガバナンス論を論じなければ、その理論自体、時代遅れの産物になりかねない。同時に、このような利害関係者から常に評価されていることを企業経営者は認識すべきである。

5 高瀬浄著『エコノミーとソシオロジー—象徴社会から知的回帰—』文眞堂、一九八九年、二一〇～二一二頁。

6 同上、二二七～二二九頁。

7 北矢行男稿「特集 先進二七社が描く次世代企業へのシナリオ」『週刊ダイヤモンド』一九九一年一〇月二九

日号、二〇～二二頁。北矢氏は(a)～(e)の五項目は、「効率追求のマネジメント」と「知的生産対応型の効果追求のマネジメント」との巧みなバランスを実現するための五つの条件として提案されたものである。また(d)の"opportunity company"は、氏の分類ではオールターナティヴ・カンパニーとなっている。それぞれの項目の内容についても相当、加筆・修正をさせて頂いている。

8 "just in time"とは、必要な時に、必要な所に、必要なものを、必要なだけ提供するという考え方である。トヨタ生産システムの「かんばん方式」がその原型。

9 CIとは企業の独自の個性を意味する。それは経営理念であったり、組織文化であったり、製品であったり、市場であったりする。経済が低迷したり、所属している産業が成熟化している場合などは生き残り戦略の主要な課題となる。

10 木村尚三郎著『「耕す文化」の時代』ダイヤモンド社、一九八八年、三三・四〇～四二・五〇～五二頁を参考に加筆・修正。

11 河野豊弘著『現代の経営戦略―企業文化と戦略の適合―』ダイヤモンド社、一九八六年、二五頁、一部加筆・修正。

12 梅澤正著『企業文化の革新と創造』有斐閣、一九九〇年、三二・三五頁。

13 同上、四九頁に加筆。

14 河野豊弘著、前掲書、四一・四二頁に加筆。

15 梅澤正著、前掲書、一六～二三頁を参考にした。

16 同上、一五頁を参考にした。なおODとは、伸縮的な組織構造、開放的で支持的な組織風土、相互扶助の組織風土、相互信頼の態度、民主的なリーダーシップ・スタイルなど、相互扶助の組織構築のための経営戦略や教育訓練を意味する。

17 同上、一六～二三頁を参考にした。

18 同上、二二・二三頁を参考に加筆・修正。

第4章 企業家的イノベーションの展開

本章では、「企業進化」と「企業進歩」の評価基準を、より明確にする。それにもとづいて企業イノベーション論を展開する。企業イノベーションの機会を状況変化の中にとらえ、経営者的イノベーションと企業家的イノベーションを体系づける。さらに、企業家的イノベーションのプロセスを明らかにし、最後に企業家的戦略の具体的内容を提示し、若干の考察を試みたい。

1●企業進化と企業進歩の評価基準

制度的私企業のうちに「制度改革的私企業」の特徴をもつ現代企業は二つの側面をもつ。それらは「制度維持論」と「制度改革論」や狭義の「企業進化」と「企業進歩」の議論の中で煮つめてきたものである。その一つである「企業進化」の評価基準は、人間主義*1・市民主義*2・環境主義*3にもとづいた企業経営を行っているかどうかである。そして環境構成主体によって評価を受け、その結果として企業主体である経営

図4-1　広義の企業進化の評価基準

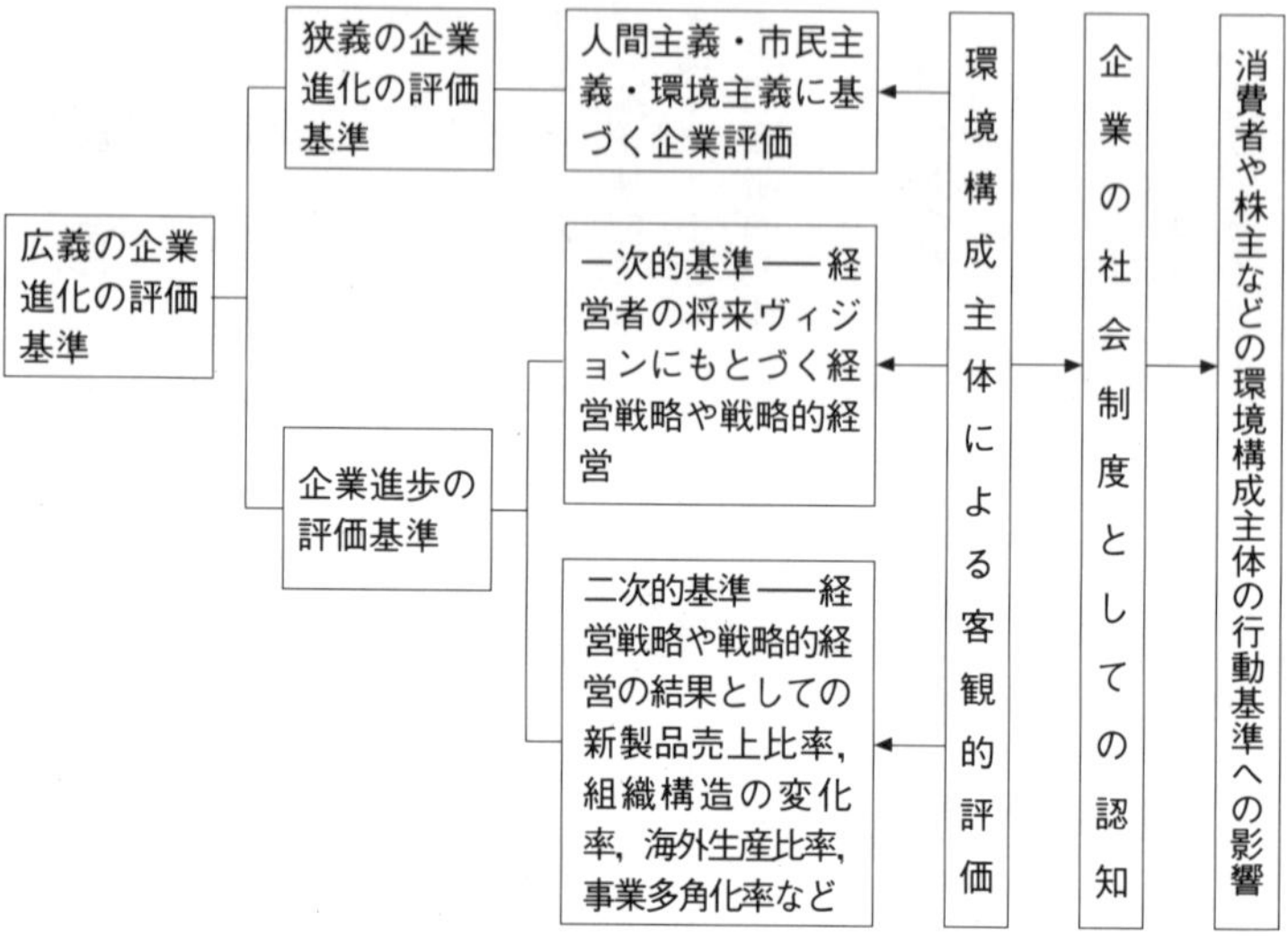

者やその経営の客観化が進行する。

もう一つの「企業進歩」の評価基準は、一次的には、企業主体としての企業家的経営者が将来ヴィジョンにもとづいて経営戦略や戦略的経営を行っているかどうかである。その際、経営者は経営理念、"corporate identity"（CI）、当該企業の稀少性をもつ貴重な資源（とりわけ人的資源）の有効配分と活用をはかっているかどうかが主要課題となる。さらに企業進歩の二次的評価基準は、上述のような企業家的経営者の経営戦略や戦略的経営の結果としての、新製品売上比率、組織構造の変化率（柔軟性比率）、ネットワーク化率、海外生産比率などの戦略的経営指標にもとづいて、環境構成主体によって事後的・客観的に評価される。

以上のような狭義の企業進化の評価基準によって、企業経営そのものが客観化されると同時に、企業主体としての経営者の戦略的経営行動も前述のそれぞれの評価基準にもとづき客観化され、事後的・客観的に評価される「広義の進化」概念へと結実するのである。そのことは、企業自体が社会的存在として客体化されていることと同時に、社会的制度として社会的認知を受けていることを意味する。環境構成主体、例えば消費者の行動も、この企業進化の程度によって左右されることになる。

以上のことをまとめると、**図4-1**のようになる。

2●企業イノベーションの機会と企業家的イノベーション

企業レベルでのイノベーションは、①制度維持論で論述した企業の環境変化への対応としての経営戦略と、②制度改革論で論述した、企業の環境変化を自ら創造し、その自ら創造した変化に対応する戦略的経営とで構成される。後者の戦略的経営は企業全体の在り方や既存の組織構造そのものの変化をも要求する。つまり中身だけでなく、器そのものの在り様の変更をも要求する。しかも継続的にである。

(1) イノベーションと企業家

企業レベルのイノベーションは企業家（entrepreneur）によって主導される。この企業家とは、単なる資本家や投資家や雇用主ではなく、何か新しい異質のものを創造する者である。企業家は変革をもたらし、価値を創造する者で、つまり変化を健全かつ当然のこととし、変化を探求し、変化に対応し、変化を機会として利用する者である。[*4]

このような変化の探求は、意識的かつ組織的に行うとともに、イノベーションの機会を体系的に分析することを要求する。変化は、まさに、新たに異質のものを生み出す機会なのである。企業家は、目的意識を明確にもち、つねに変化に目を向け、体系的にイノベーションの機会を分析することが要求される。そして、イノベーションを成功に導くには、社会的に受容されること、および優秀な人的資源や経営力の稀少性ゆえに、焦点を絞り少しずつ着実に実行することが要求されよう。

このような企業家によって主導されるイノベーションは、既存の人材や組織・制度の革新および企業家精神（entrepreneurship）の発揮によって、一方で組織を活性化し、活力を高め、他方で技術革新を促進させるとともに、これらの相互作用によって、企業全体が新しい断絶の時代に対応したイノベーショナルなものへと脱皮していくことになる。

さまざまなものが質的に変化しつつある現代は、まさにイノベーションの時代である。しかも、トップクラスの技術力を保持し、世界経済の推進役を期待されるわが国にとっては、これまでの模倣的なものや改良型のものよりも、むしろブレークスルー的で独創的なイノベーションが要求されている。つまり、独自の基礎的で応用範囲の広い研究開発や独創的な製品開発などが必要とされる。そこには企業家精神をもつ企業家への期待が込められている。企業家自体は、新しいパラダイム・価値観・信念・信条などをもつとともに、危険負担（risk - taking）受容行動を志向することが不可避である。

(2) イノベーションの機会とその分析対象

企業イノベーションは、本来、経営者の職務である。既述したように、それは大きく二点に分類される。

① 制度維持志向の経営戦略…変化への対応とその戦略化

② 制度改革志向の戦略的経営―とくに企業家的経営者の主要な職務…変化の創造とその戦略化

企業イノベーションの多くは、実にさまざまな環境変化を起因とする。そこで、以下において、イノベーションの機会をP.F.Druckerに依拠して分析することとしたい。

A　第一次的分析対象

(a)　企業や産業の内部事象

①　予期せざる成功や失敗

ⓐ　予期せざる成功…経営者の知識・理解・構想力の欠如、事業・技術・市場の定義のズレの発生が原因。イノベーションの最大の機会、もっともリスクが小さく容易なイノベーションの機会。

ⓑ　予期せざる失敗…製品の設計・販売戦略の前提と現実との乖離、消費者の価値観や認識の変化が原因。競争企業や消費者の体系的分析が必要。

②　将来構想や認識などと実際とのギャップ

ⓐ　需要と供給とのアンバランス…需要ないし市場の細分化および特化に対応した事業内容の細分化、ベンチャー・ビジネス設立のチャンス、専門的な小規模企業におけるビジネス・チャンス。

ⓑ　目標認識と直面する現実の成果とのアンバランス。

ⓒ　企業側の認識と消費者の価値観とのアンバランス。

ⓓ　実際の企業活動内容と将来構想のギャップ。

③　プロセス改善・改良のニーズ

ⓐ　実際の購買・生産・販売などのライン業務と財務・人事などのサーヴィス業務のプロセスとのリンクやバランス、さらに一貫性の欠如。

ⓑ　組織メンバーの年齢構成の変化。

ⓒ 研究開発技術の製品や生産システムなどへの適用ニーズの変化。

④ 産業や市場の構造的変化

ⓐ 経済成長・衰退を上回る速さでのある産業の急速な成長・衰退。

ⓑ 産業規模の拡大・縮小。

ⓒ 産業自体の成熟化。

ⓓ 一見無関係な技術（電話の技術とコンピュータ技術など）の結合。

ⓔ 革新的技術開発。

(b) 企業や産業の外部事象

① 予期せざる外部の変化

ⓐ 国内経済と国際経済との相互関連の拡大・複雑化。

ⓑ 国際社会・国際政治からの影響の拡大・複雑化。

② 人口構成の変化

ⓐ 総人口の増減。

ⓑ 年齢別・性別構成の変化。

ⓒ 雇用状況の変化。

ⓓ 教育水準の変化。

ⓔ 所得階層の変化。

③ 認識（ものの見方、感じ方、考え方）の変化…経済的・社会的・国際的環境変化などがその背景

④ 新しい知識（科学的・技術的・社会的知識）の獲得

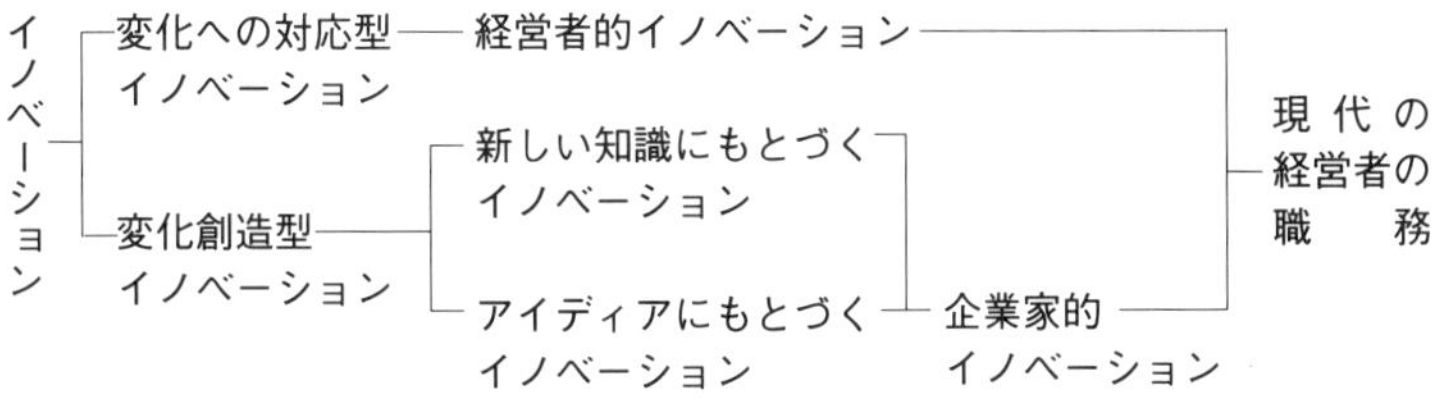

ⓐ 研究開発（基礎研究を含む）による新しい知識。
ⓑ 技術的な応用知識。
ⓒ 製品やサーヴィスを市場に提供する新しい知識。

B 第二次的分析対象――アイディア

アイディアにもとづくイノベーションは、もっともリスクが大きく、成功する確率がもっとも低い。しかし新しい事業、新しい雇用、新しい経済や産業、さらに企業を生み出すだけのパワーをもつ。それは社会にとってもっとも必要な資源、つまり行動力、野心、創意工夫の才の健全ぶりを示すものである。*5

以上のイノベーションの機会の要因のうち、新しい知識とアイディアにもとづくイノベーションはもっとも企業家的なイノベーションに位置づけられよう。そこで、経営者によるイノベーションは、上のように分類されよう。

(3) 企業イノベーションのプロセス・マネジメント

現代のような変革の時代には、"top"からの強力なリーダーシップが求められると同時に、"bottom"からのさまざまな改善・改革、さらにイノベーションに対するアイディアを吸収することが要求される。現代の企業家には、前述したような変化に対応すると同時に、自らの企業をイノベートし、新事業を起こし、新製品を開発し、新システムや新市場を創造することなどが要求される。

現代のイノベーションのリーダーシップには、次の四つのスタイルが考えられる。[*6]

① 「創業リーダーシップ」（foundation leadership）・「起業家リーダーシップ」（inaugurator leadership）。

② 新しい組織・システムや戦略的経営の導入によって企業イノベーションを遂行する「制度革新リーダーシップ」（institutional innovation leadership）。

③ 組織メンバーの共有する経営理念・価値に対して挑戦したり、組織風土のイノベーションに重点を置く「文化イノベーション・リーダーシップ」（cultural innovation leadership）。

④ 成熟した大規模組織のイノベーションや新事業の創造を遂行するための「新企業家リーダーシップ」（neoentrepreneur leadership）。

以上の四種類のイノベーションのリーダーシップのうち、四番目の新企業家による企業イノベーションのプロセス・マネジメントは**図4-2**のようになるという。

現在、技術革新の高度化、グローバル化、サーヴィス化、ソフト化など生態上の環境変化がトップの価値前提に大きく影響を与えているという。これらの生態上の環境変化によって、住み分け共存していた社会的組織やシステム間の関係が破壊され、それらの相互関係にアンバランスが生じつつあるという認識がなされる。その結果、トップの価値前提が影響を受けることによって、意図的・主体的に既存のシステムを破壊する行動に出る。いわゆる意図的・主体的に振り子の振動幅を拡大する。発散思考にもとづいて、将来のバリエーションを増幅させる。その中でイノベーションの方向性を定め、戦略領域を画定する。いわゆる振り子の振動幅を意図的・主体的に縮小させていく。

このようなプロセスの中で、バリエーションの増幅段階においては、とりわけ人的・グループ間の異種

図 4 - 2　新企業家による企業イノベーションのプロセス・マネジメント

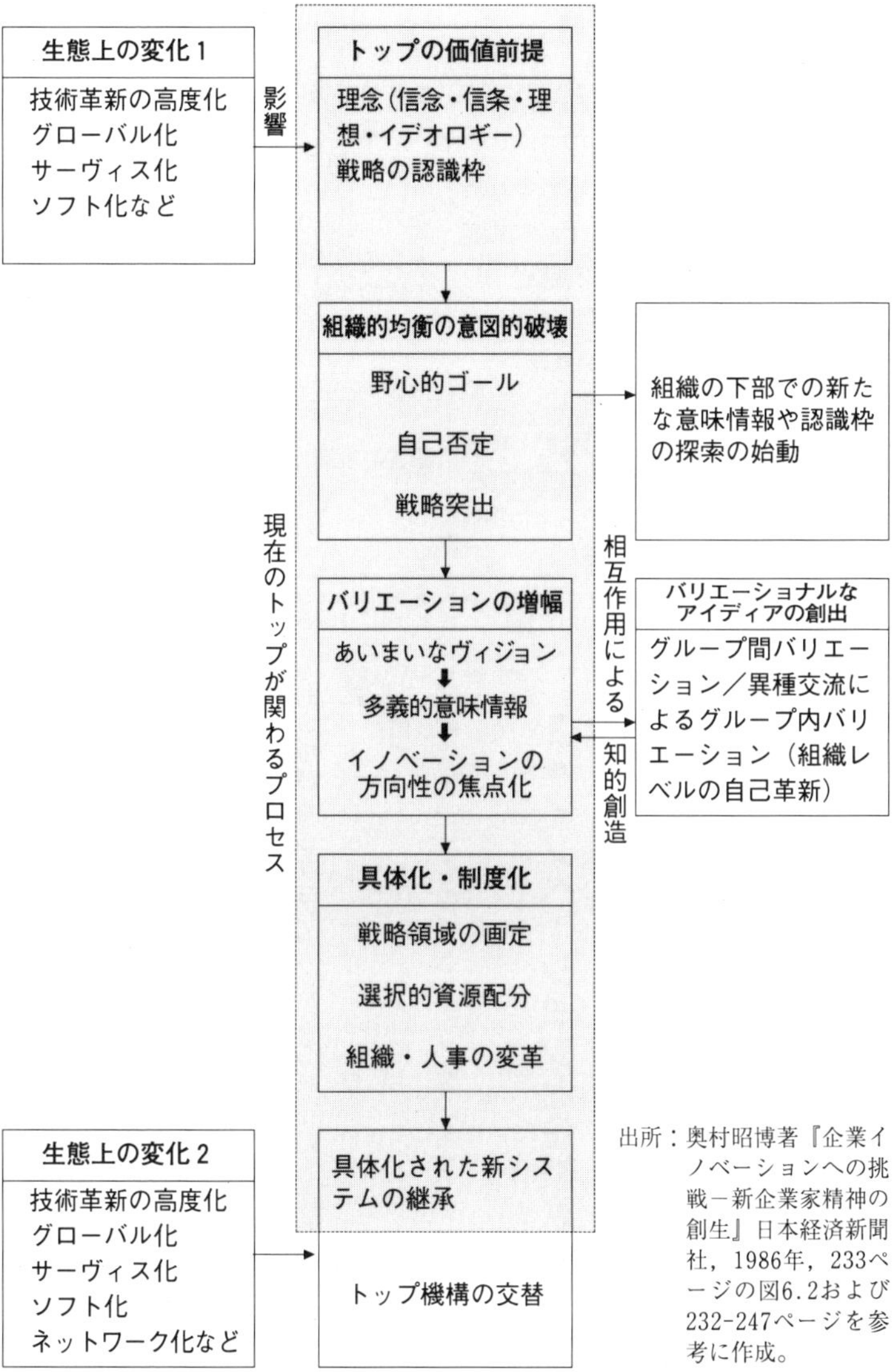

出所：奥村昭博著『企業イノベーションへの挑戦－新企業家精神の創生』日本経済新聞社，1986年，233ページの図6.2および232-247ページを参考に作成。

表 4-1　イノベーションと企業家的戦略

企業家的戦略の分類		目的	特徴	
(1)新分野への一点集中戦略		産業や市場におけるリーダーシップや支配力の獲得	競争戦略	イノベーション生成戦略
(2)手薄なところへの一点集中戦略	①創造的模倣戦略			
	②企業家的柔軟思考戦略			
(3)重点占拠戦略	①NICHE（すきま）戦略	小さな領域における実質的な独占の実現	競争回避戦略	
	②専門技術戦略			
	③専門市場戦略			
(4)製品や市場の性格を変える戦略	①効用創造戦略	顧客の創造	顧客創造戦略	イノベーション戦略
	②価格戦略			
	③顧客の社会的・経済的現実への適応戦略			
	④顧客にとっての価値中心戦略			

出所：P.F.Drucker, *Innovation and Entrepreneurship, Practice and Principles*, Harper& Row, Publishers, Inc., 1985, pp.209-249（邦訳書353～419ページを参考に作成）

交流が不可欠である。「あいまい性」や「不確実性」が増幅した状況においては、発散思考にもとづき、あらゆる角度からの考察が必要となる。このような状況を収束させるには、人的・グループ間の異種交流によって、組織活力を高め、創造力を増大させることが必要である。これによって、新時代にふさわしい戦略やシステムが形成されることになる。同時に、下位レベルでのさまざまなアイディアの創出が期待できることから、下位における人的・グループ間の異種交流も促進させる必要がある。

3●イノベーションと企業家的戦略

企業イノベーションは、まさに将来の企業を創造する経営戦略や戦略的経営を展開することである。

企業家としてのイノベーターには、既成のものにとらわれない、新しい知識やアイディアに満ちた創造的な企業主体として、構想力を含む知的能力（知識にもとづく創造的能力）、学習意欲、バイタリテイ、向上心さらに実行力などが基本的に必要とされる。

トップ・マネジメント・レベルの企業家的戦略（entrepreneurial strategy）は、**表4-1**のように大きく四つに分類される。また、イノベーションという視点からみるならば、大きく二種類に分けられる。つまり(1)(2)(3)のイノベーション生成戦略と(4)のイノベーション戦略とに大別される。

以下、それぞれの企業家的戦略について、P. F. Druckerの分類を参考に若干の考察を試みたい。

(1) 新分野への一点集中戦略

新産業や新市場の創造をねらいとする企業家的戦略。まず、イノベーションの機会を綿密に分析し、一つの目標に向かって努力を集中し、目途がつき次第、必要なあらゆる資源を一点に集中的に投入。

(2) 手薄なところへの一点集中戦略

① 創造的模倣（creative imitation）戦略…急成長する市場をバックに、すでにほぼ完成された製品やサーヴィスについて、創造的な市場志向的・市場追従型の戦略をとり、それらの製品やサーヴィスを「標準製品化」し、それによって市場支配を行おうという戦略。

② 企業家的柔軟思考戦略…同じく市場志向的・市場追従型の戦略。これまでの既成概念や習慣にとらわれずに、すでに市場リーダーの地位を確立している企業に対抗し、市場リーダーがこれまで扱ってこなかった手薄な分野やその製品市場にアプローチし、顧客志向の品質や価格の製品を開発しようとする戦略。

(3) 重点占拠戦略

この戦略は、生態学的戦略（ecological strategy）ともいえるもので、他社との共存を意図する戦略。他社との競争や他社からの挑戦を回避する戦略で、自らの製品市場において実質的な独占（monopoly）を実現しようとする戦略。

① NICHE戦略…この「すきま」戦略の対象となる製品市場は、小さく目立たないものであり、例えば特殊なオイルのように、ある製造プロセスにとっては絶対に欠かせない製品が対象。ニッチ市場では、一度市場地位が確立すると、ほとんど不動のものとなる反面、その市場が成熟期に入ると、その企業の成長も限界点に到達。また、研究開発などによって、このような製品にとって代わる、同じ機能を果たす別の製品や方法が出現した場合には企業自体の存亡の危機に直面。

② 専門技術（speciality technology）戦略…新産業や新市場開発の初期段階において、専門的技術をもってユニークな支配的地位を確立しようという戦略。自社技術の継続的向上が不可避。

③ 専門市場（specialty market）戦略…これは、先の専門技術戦略と同様に、新産業や新市場をリードしていくことが要求される戦略。その市場の専門性ゆえに、つねに市場イノベーションと製品やサーヴィスの向上に心掛けることが要求される戦略。

(4) 製品や市場の性格を変える戦略——顧客創造戦略

① 効用創造（creating utility）戦略…効用（利用）価値とはほとんど無関係に、顧客自らの欲求やニーズを満足させようという戦略。

② 価格（pricing）戦略…顧客にとっての効用（利用）価値といった視点から、価格を設定する戦略。

③　顧客の社会的・経済的現実への適応戦略…製品価格が高すぎて買えないといった顧客に対して、分割を認めるといった顧客の現実に対応する戦略。

④　顧客にとっての価値中心戦略…顧客が購入したい製品、満足する製品、さらに価格に応じた効用（利用）価値を有すると顧客が認めるような製品を提供していこうという戦略。

以上のような企業家的戦略を実施するにあたり、基本的ファクターである技術—製品—市場—顧客をどう組み合わせて戦略を展開するかが重要なポイントとなる。製品市場が細分化され、専門化する中で、これらの戦略は有効な方法といえよう。したがって、この企業家的戦略は、大衆向けの大量生産の対象となる商品には当てはまらない。

注＊

1　人間主義とは、まず人びとを一個の独立体とみなし、それぞれの人びとの欲求水準や欲求内容を職務に最大限取り入れ、さらに各人の能力を最大限活かそうという考え方である。人間とは何かを考えることは経営学の出発点のひとつである。

2　市民主義とは、企業を社会の一員としてとらえていこうという考え方である。この考え方は、制度経営学の出発点のひとつである。

3　環境主義とは、企業経営や企業活動を行う際に、常に自然環境や社会（生活）環境に配慮することの必要性を説く考え方である。したがって、環境に配慮した研究開発、製品開発、生産システム開発などが求められている。逆説的にいえば、環境に配慮した企業経営や企業活動を行わなければ社会的制裁を受けることになるということである。

4　P. F. Drucker, *Innovation and Entrepreneurship, Practice and Principles*, Harper & Row, Publishers, Inc., 1985, pp.

22-25（小林・上田・佐々木訳『イノベーションと企業家精神　実践と原理』ダイヤモンド社、一九八五年、三五～四〇頁)。

5　Ibid., pp. 130-132, 同上二三三～二四八頁。

6　奥村昭博著『企業イノベーションへの挑戦―新企業家精神の創生―』日本経済新聞社、一九八六年、二二八～二三〇頁。一部加筆、修正。

第5章 製品開発戦略と新規事業開発戦略

本章では、消費者や製品、さらに市場に関わる経営戦略を中心に展開する。まず消費者が何を求めているのかという"needs"の視点から消費の動向を分析し、「新製品開発」戦略とそれに関連する新市場開発戦略に焦点をあてる。新製品の一部は新市場や新規事業開発を伴う。それによって事業多角化が促進される。また新技術は研究開発戦略に依拠するとともに、"seeds"という視点から新製品、新市場、新規事業開発を伴う。

また、現在、新技術や新製品開発を行う際、企業内ベンチャーを設立したり、企業間の共同出資でベンチャー・ビジネス[*1]を新創設することがある。前述の事業多角化やベンチャー・ビジネスの創設、企業内および事業間ネットワーキングが経営戦略の主要課題とみなされてきた。これらの関係を表わすと、上のようになろう。

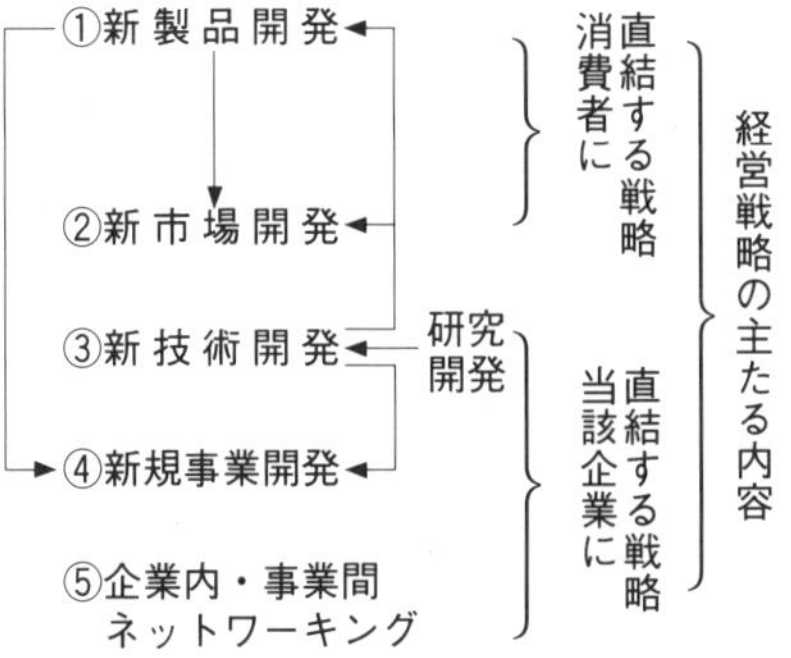

1●消費の多様化・個性化と新製品開発

モノへの欲求が減速する反面、消費者の関心はヒトとのコミュニケーションや生命、文化、自然環境などへと移行しつつある。他方、IT・ネットワーク産業、バイオテクノロジー（食品改良・増産、医薬品、遺伝子組み替えなど）産業、新素材（形状記憶合金、ニューセラミックスなど）産業、エコ産業、高齢化に伴った福祉・介護産業など新産業への期待も高まっている。このことは新製品・新事業・新技術・新市場の展開の可能性を増大させるとともに、中小企業やベンチャー企業のビジネス・チャンスやベンチャー企業の新創業のチャンスを拡大させている。同時に新技術の開発も、製品や生産システムに関係するものばかりではなく、“eco”技術（環境技術）に関係するものへと拡大しつつある。消費者も製品選びの際に、機能や性能技術、製品価格・デザインだけでなく、さらに“eco”技術や“eco”製品への関心をもつに至っている。

(1) 国内市場の縮小と多様化・個性化

モノを中心とした既存産業（鉄鋼、造船、電器、電機、自動車、コンピュータなど）の成熟化によって①国内経済の減速化、将来への不安と重なった②消費者の購買意欲の低下、経済開放による③安価な輸入製品の増加や国際競争の激化、④既存の流通システムの破壊・価格破壊などが見られる。かくて、一方で「国内経済や市場の縮小化」が進行しつつある。

このように国内経済や市場が縮小する中で、コスト・価格競争が激しくなるにつれ、製品の低コスト化のための海外生産と輸入が急増している。

このような消費者をとりまく環境変化の中で、消費者自身の中にも価値観の変化が生じている。つまり消費者自身、モノに付随した価値観から、ヒト・生命・健康・文化・自然環境や社会生活環境などに関心をもち、そこに価値観を見い出すようになってきた。消費者は多様で個性的な価値を見い出すようになってきた。

①消費者の生活水準・教育水準の向上、②消費者の他人と違ったものを持ちたいという欲求の高まり、③消費者の人とのコミュニケーション、レジャー、文化、自然環境などへの関心の高まりによって「国内市場の多様化・個性化」が促進されつつある。

このような国内市場の縮小と多様化・個性化によって製造企業の国内での製品・技術・市場開発戦略や市場浸透戦略も変化する。つまり、ますます消費者志向、ニーズ志向の戦略へとシフトすることになる。もちろん、製造企業側の“seeds”志向の技術・研究開発戦略が重要であることは言うまでもない。なぜなら、技術・研究開発は新製品開発というカタチで消費者に還元されるからであり、この技術・研究開発が、将来の企業蓄積を根本的に左右する要素であるからである。

(2) 消費の二極分化と商品

モノ・レベルでの消費が成熟化するにつれ、消費者（川下）重視の傾向がますます強まりつつある。一方で、日用品・日常品についてはできる限り低価格で、他方、自分だけのこだわり商品や高級品・ブランド商品については高価格でも購入するといつた購買パターンが考えられる。自然食品、肌にやさしい化粧品、高級な音響機器、さらに民芸家具等も地域性をもつ伝統的・文化的商品なども「こだわり商品」であり、少品種少量生産が基本である。

表5-1　消費構造の二極分化と関連要因

商品	価格	差別化	デザイン	エリア	生産システム	技術
高級商品	高価格帯	ブランド商品 文化的商品	個性的	グローバル	多品種・少量生産	伝統的・現代的・未来的技術
こだわり商品		伝統的・文化的商品		地域・個別	少品種・少量生産／工房型生産*2	伝統的技術
		クライアント向け商品	個性的・非個性的			
一般向け商品	低価格帯	ノーブランド商品・非文化的商品	非個性的	グローバル	少品種・大量生産	伝統的・現代的・未来的技術

これらの商品の特徴をまとめたのが**表5-1**である。

(3)　国内レベルでの経営戦略と個別戦略

経営戦略のうち、まず消費者に直結する製品・市場戦略に限ってみると、以下のように分類されよう。

(a)　製品戦略（product strategy）

①　製品細分化（product segmentation）・系列化戦略…性別・年齢別・地域別戦略。

②　製品差別化（product differentation）戦略…価格戦略、デザイン戦略、ブランド戦略。

③　製品多角化（product diversification）戦略…製品開発（product development）戦略。

④　製品構成（product mix）戦略。

(b)　市場戦略（market strategy）

①　市場拡大（market enlargement）戦略。

②　市場細分化（market segmentation）戦略。

③　市場浸透（market penetration）戦略…価格引き下げ、広告による周知徹底・企業イメージアップなど。

④　市場開発（market development）戦略。

図5-1　国内レベルでの経営戦略と関連諸要素

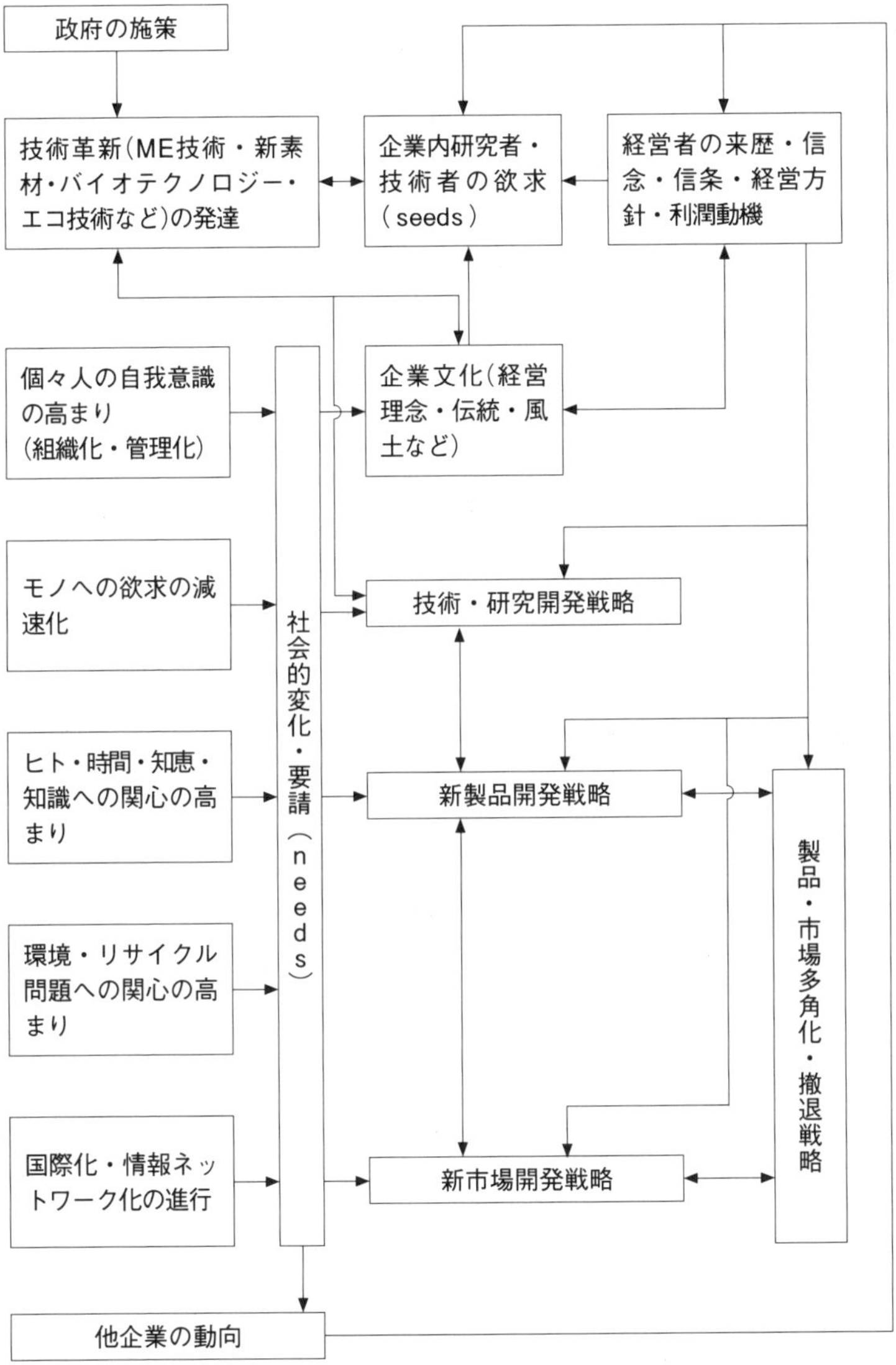
政府の施策
技術革新(ME技術・新素材・バイオテクノロジー・エコ技術など)の発達
企業内研究者・技術者の欲求(seeds)
経営者の来歴・信念・信条・経営方針・利潤動機
個々人の自我意識の高まり(組織化・管理化)
企業文化(経営理念・伝統・風土など)
社会的変化・要請(needs)
モノへの欲求の減速化
技術・研究開発戦略
ヒト・時間・知恵・知識への関心の高まり
新製品開発戦略
製品・市場多角化・撤退戦略
環境・リサイクル問題への関心の高まり
国際化・情報ネットワーク化の進行
新市場開発戦略
他企業の動向

製造企業にとっての“core competence”（当該企業独自の技術・能力）形成に関わる技術・研究開発戦略、さらに消費者を中心とした社会的要請、経営者・研究者や企業文化の要素などを加えて、国内レベルの経営戦略を体系化づけると図5-1のようになろう。

2●製品ポートフォリオと多角化戦略

現在の企業のプロダクト・ミックス（製品構成）を分析することによって、資源の再配分や新製品開発が招来される。企業が安定的収益性を確保するには、常時、他社の新製品や新事業の分析、市場からの情報や社会からの新製品に対するアイディア、自社の新製品開発の機会やビジネス・チャンスを分析することが必要である。

(1) 製品ポートフォリオのベクトルと時間

現在の製品・事業分野を評価・見直し、さらに将来の製品・事業分野を選択し、それぞれの事業分野に資源を配分することは、トップが行う重要なイノベーショナル意思決定である。

現在の製品・事業分野の分類を時間の経過という要素を加味すると図5-2のようになろう。

①金のなる木（マーケット成長率低い・相対的マーケット・シェア高い）および②負け犬（マーケット成長率低い・相対的マーケット・シェア低い）は、現在のオールドビジネスである。負け犬は撤退への圧力や内部コンフリクトが相当高く、金のなる木は将来の研究開発投資の源である。したがって企業経営にとって、スターを生み出し、金のなる木をいかに育てるかは死活問題である。

図5-2　ダイナミック製品ポートフォリオ

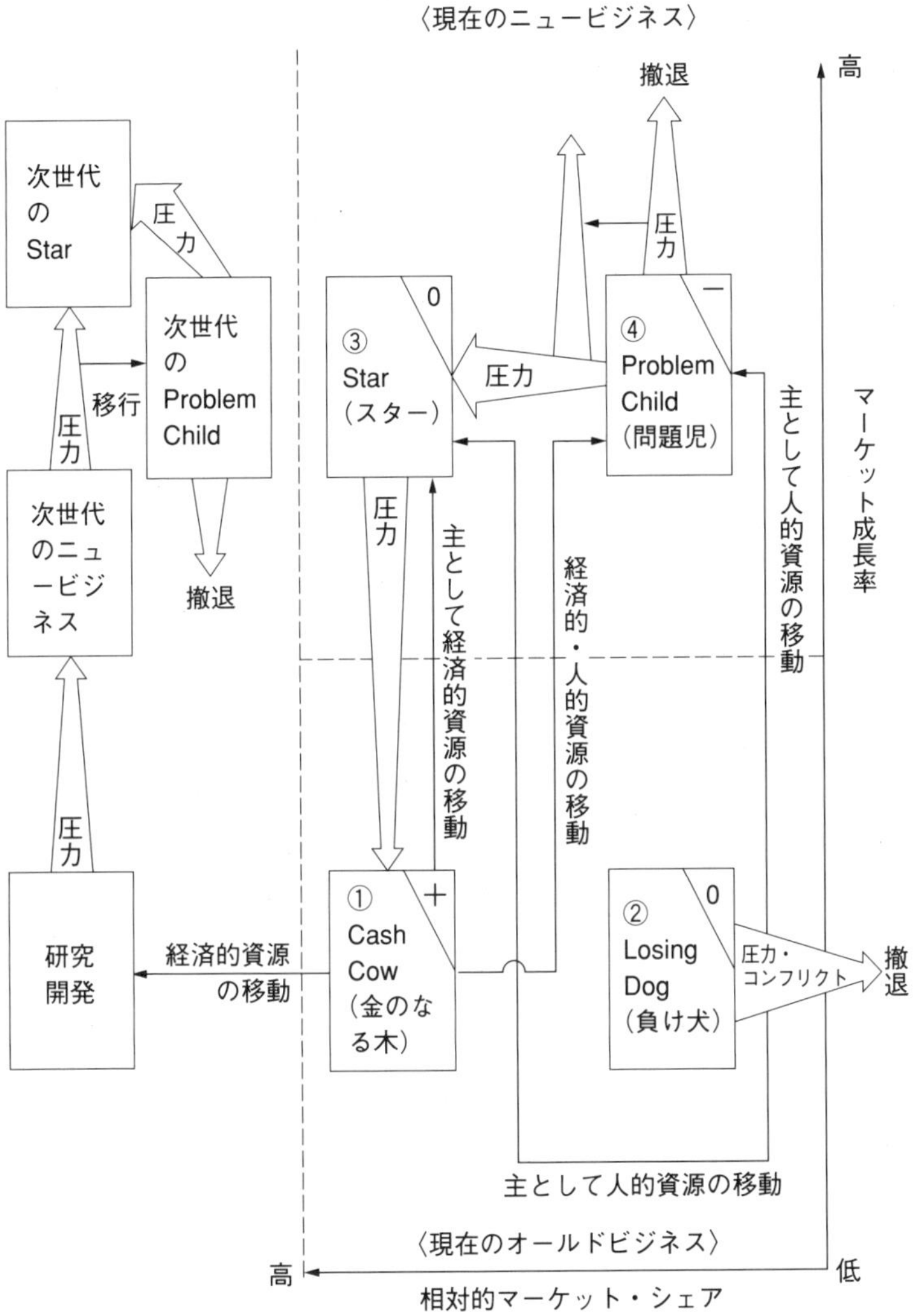

〈現在のニュービジネス〉
撤退
高
次世代
の
Star
圧力
次世代
の
Problem
Child
移行
圧力
次世代
のニュ
ービジ
ネス
撤退
圧力
0
③
Star
(スター)
圧力
—
④
Problem
Child
(問題児)
主として人的資源の移動
マーケット成長率
圧力
主として経済的資源の移動
経済的・人的資源の移動
圧力
研究
開発
経済的資源
の移動
+
①
Cash
Cow
(金のなる木)
0
②
Losing
Dog
(負け犬)
圧力・
コンフリクト
撤退
主として人的資源の移動
〈現在のオールドビジネス〉
高
低
相対的マーケット・シェア

図5-3　相対的投資額マトリックス

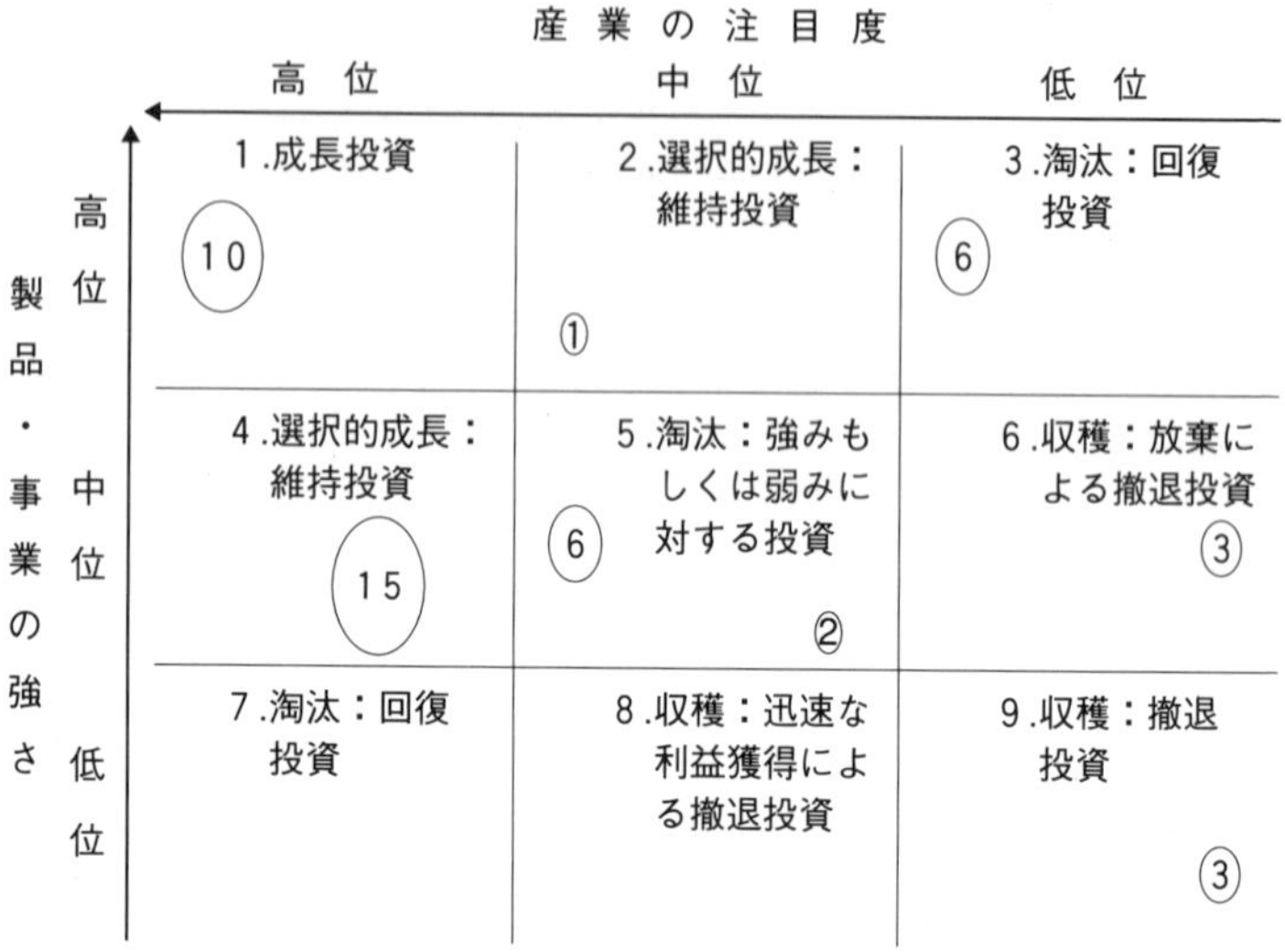

他方、③スター（マーケット成長率高い・相対的マーケット・シェア高い）および④問題児（マーケット成長率高い・相対的マーケット・シェア低い）は現在のビジネスで、将来性を秘めている。問題児の場合は市場に出遅れぎみで、マーケット成長率以上の資金面での負担が大きく、撤退を余儀なくされる場合もある。しかし、問題児はスターになることへの圧力も相当高い。スターになることへの圧力が高まれば、それだけ問題児の撤退への圧力は減少する。また、スターがマーケット・シェアを維持するには、マーケット成長率に見合った経済的投資が要求される。

トップ・レベルの経営戦略は、現在の各製品・事業分野を評価し、将来のためのより適正な資源投資および資源配分の実施によって、将来の適正なプロダクト・ミックスを達成することである。

さらに、相対的にどのくらいの投資額が必要となるかを表わしたマトリックスが**図5-3**である。これは、当該企業の各製品が属する産業の「注目度」

図5-4　現事業の深耕と多角化マトリックス

	現技術 →	関連技術 →	新技術
現市場 ↓	a-1 現事業深耕	a-2 多角化 関連技術 現市場	a-3 多角化 新技術 現市場
関連市場 ↓	b-1 多角化 現技術 関連市場	b-2 多角化 関連技術 関連市場	b-3 多角化 新技術 関連市場
新市場	c-1 多角化 現技術 新市場	c-2 多角化 関連技術 新市場	c-3 多角化 への 異分野

と製品・事業の「強さ」という二つのベクトルによって導き出される。

(2) 経営多角化の展開

以上のような各製品・事業の位置づけや現状認識にもとづいて、さらに市場と技術の二つのベクトルによって、現事業の深耕や多角化が志向される。それは**図5-4**のようなマトリックスとして表わすことができる。

なお、**図5-4**の各セルは、次のような意味内容をもつ。[*3]

(a1) 現事業深耕

成長時の足場固め、製品・市場品揃え、最大可能な垂直統合（原材料生産から製品販売までのプロセス統合）、経営資源の蓄積、多角化への人的資源・技術・マーケティングの潜在能力のストック。

(a2) 現市場関連技術多角化

現市場成長時の自主技術展開、主力顧客の確保、顧客・チャネルのニーズ先取り、新製品積極提案、リスクの小さい技術者リード型の多角化。

(a3) 現市場新技術多角化

現市場最成長分野や主力顧客の成長に符合した多角化、チャネルの強みの活用、外部からの新技術の取得、技術リスク評価がポイント、技術トップのヴィジョンとの整合性のチェック。

(b1) 現技術関連市場多角化

現在の主力製品から関連市場への展開、新しいチャネル・マーケティング能力の充実強化、新しいマーケティング能力を身につけるチャンス、営業マンリード型、現市場成熟期での展開。

(b2) 関連市場関連技術多角化

関連市場・関連技術分野での最成長市場の多角化、ユニークな技術・マーケティング・資源の活用、社内の資源配分の見直し、トップのヴィジョンとの整合性のチェック。

(b3) 関連市場新技術多角化

関連市場でのチャネルの強みの活用、外部技術資源とチャネルの形成がポイント、技術トップと社長中心。技術面での参入障壁の克服が課題。

(c1) 現技術新市場多角化

製品技術・生産技術・材料技術の強みの活用。これらの要素技術でユニークなものを戦略技術として展開、シーズとニーズのドッキング、マーケティング能力の弱みの克服、販売提携、営業トップのヴィジョンとの整合性のチェック。

(c2) 関連技術新市場多角化

関連技術のピックアップ、技術移転関連分野の探索、市場面での外部資源の導入が必要、チャネル面での参入障壁の克服。

（c3）異分野への多角化（conglomerate diversification）

最成長市場をねらう弱みの克服がポイント、合併（merger）や買収（acquisition）や企業提携などによる外部資源の活用、社長のヴィジョンとの整合性のチェック、もっとも派手でリスクも大、企画探索は発散思考で実施は慎重に、外部専門家活用への期待。

このようなさまざまなレベルでの多角化は、単に内部資源を活用するばかりではなく、企業外部の資源を囲い込み、有効活用することも視野に入れている。激変する環境変化の中にあっては、外部資源を短時間で取り込み有効活用することが必要である。また、市場が成長しつつある場合と、右肩下がりの市場成長の場合とを想定して、多角化の方法とタイミングを吟味することが必要である。

3●新規事業開発戦略の展開

本節では経営戦略のうち新事業開発戦略を中心に取り上げる。前節までの企業拡大を単に前提とするのではなく、これまでの経営戦略の主たる内容のうち五つ目の戦略である企業内・企業間ネットワーキングに関わる議論を展開したい。

現代は、標準的製品に関する市場の成熟化や技術の高度化によって、日常的な製品が均質化し、製品の価格や機能的な面での差別化を脱し、デザインや情報によって製品を選択する時代に移行しつつある。このような状況にあっては、むしろ独自の技術開発による高付加価値の実現やデザイン等、ソフト面での他社製品との差別化によって、モノ中心戦略から知識集約型戦略・情報中心戦略を志向することが要求される。

図5-5　新規事業進出の4パターン

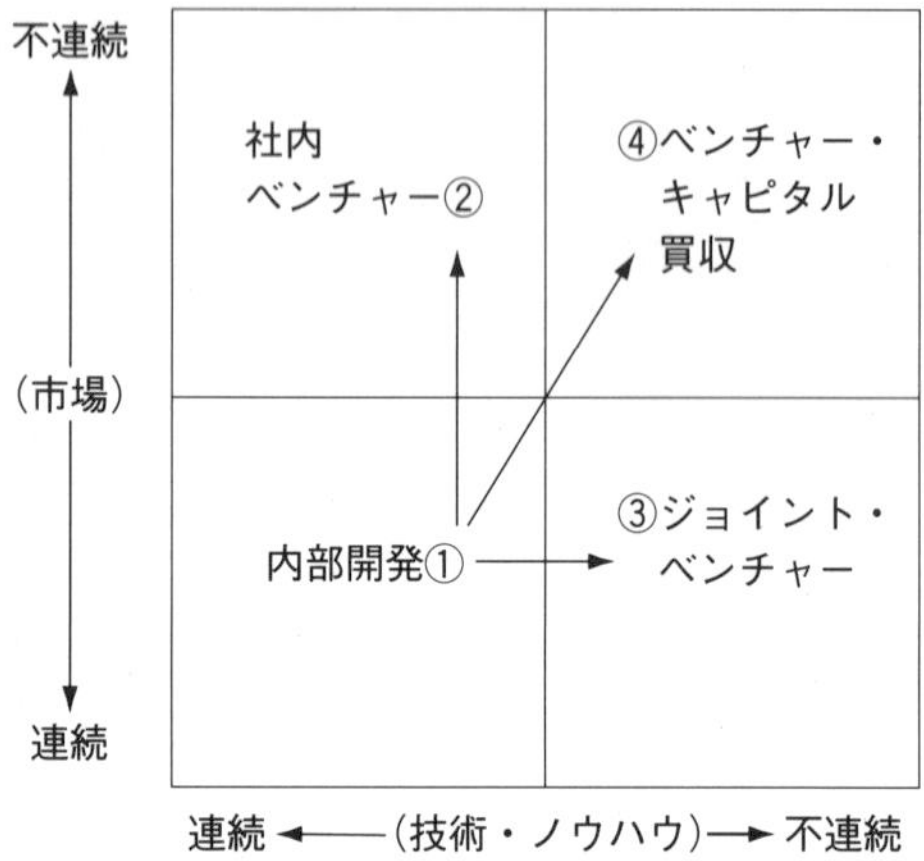

出所：奥村昭博著『企業イノベーションへの挑戦－新企業家精神の創生』日本経済新聞社，1986年，126ページ図4.2をもとに作成。

他社製品との差別化が困難となり均質化した製品、すなわち、わが国戦後の高度成長社会を支えてきた鉄鋼、造船、繊維、家電、自動車などは、市場が飽和状態にある。

このような市場規模の後退・安定化の状況にある産業に位置する企業にとって、とくに新規事業開発による次世代の成長分野への進出は、将来の社運をかけた重要な課題である。

(1) 新規事業開発のパターン

新規事業分野に進出するパターンは、大きく二つに分けられる。ひとつは(a)本業を出発点とするものであり、もうひとつは(b)本業にこだわらずに、企業経営全体を見直そうとするものである。この後者のイノベーショナル経営が企業家による戦略的経営として位置づけられる。企業が現在所属している産業が衰退ないし存在そのものが問われている時、当該企業の現在の事業内容全般が問題となっている時、経済全般が縮小化し不況にある時、技術革新や流通システムが経済全般または産業や企業そのものの存在に影響を与えている時などに、後者のような企業家による戦略的経営が志向される。

(a) これまでの本業を出発点とし、市場を技術と"know - how"という二つの軸からみたパターン

新規事業分野への進出パターンは**図5-5**にみられるように、市場を技術とノウハウという二つの軸によって構成される。

図5-5のそれぞれの進出パターンについて、以下において概説する。[*4]

① 「内部開発」…技術も市場も、既存の知識と顧客の延長線上での新規事業進出。

② 「社内ベンチャー」…既存の社内技術者によって、まったく新しい市場に乗り出していく新規事業進出、子会社の形をとる本体の外部で新規事業に乗り出す社外ベンチャーを含む。

③ 「ジョイント・ベンチャー（合弁事業）」…既存の技術・ノウハウがまったく通用しないため、外部にその技術をもつ相手を求めていく新規事業進出、提携も含む。

④ 「ベンチャー・キャピタル」や「買収」…当該企業にとって技術も市場もまったく未知な場合の新規事業進出の方法。

成熟産業に属する現代企業にとっては、このような新規事業進出は、特に命運をかけた生き残り戦略である。将来、本業にとって代わる可能性を秘めた新規事業には、集中的に経営資源、とりわけ稀少価値の高い優秀な人的資源を投入することが要求される。また、現代のように変化が激しく、かつ多様化する環境下においては、機動的かつタイムリーな対応が不可欠である。さらに、特に技術や市場がまったく新しい別の分野への事業進出には、多大なリスクを伴うため、最初は少しずつ着実に進めていくことが必要である。

図5-6　企業のアメーバ・モデル

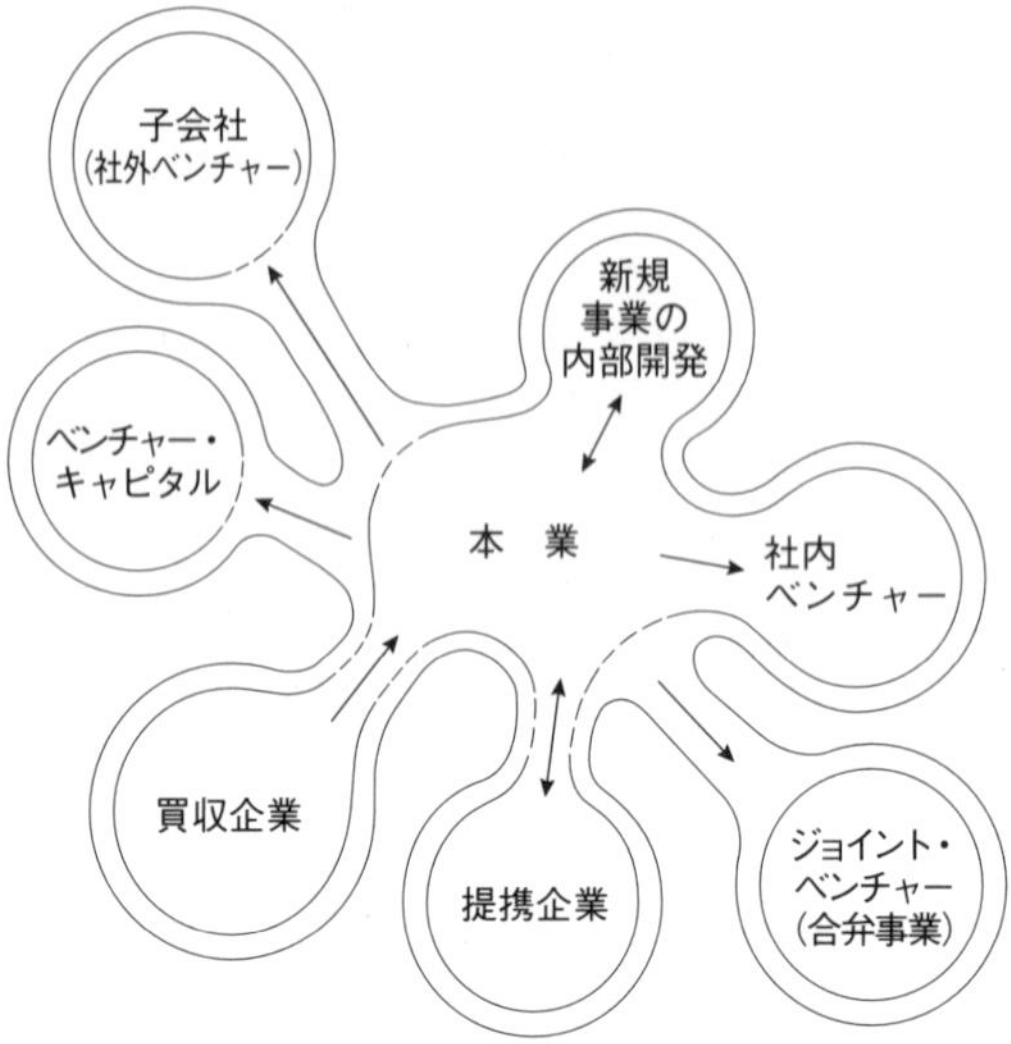

このように、現代企業は、自社の技術や市場、さらに内部資源の活用だけでなく、外部資源を自社に囲い込みつつ、現在の本業を親として新規事業への進出を試み、アメーバのように核分裂をくり返し、新しい事業分野を包含する企業へと「進歩」していくものといえる。もちろん、現在の本業が将来は他の産業分野に移行することも十分に考えられるべきである。このような企業の動態的性向を表わすと、**図5-6**のような「企業のアメーバ・モデル」として表わすことができよう。

まさに企業は形が定まらず分裂・繁殖・増殖・減少・死滅をくり返すアメーバのようなものである。企業は本業たるコアーをもち、自らの身となるものを吸収し、さまざまに形を変え、長期的にはその性質までをも変化させていく有機体である。

(b)　本業にこだわらずに、最初から企業経営全体を見直そうとする新規事業開発のパターン

このような新規事業パターンには、次のようなものが考えられる。[*5]

① 技術革新先取り型事業
② 多角化・高付加価値型事業
③ 優れた製品づくりによる一点集中トップ・シェア型事業
④ 消費者へのサーヴィスなど末端から全体を活かす川下（holonic）型事業
⑤ 演出能力発揮型（ソフトシステム型）事業、つまり単品管理、情報システム、快適さ（amenity）などでの優れた演出力や商品力をもつ事業
⑥ 企画開発力やマーケティング能力中心型事業
⑦ 奇想天外・型破り型事業
⑧ 研究開発中心型事業
⑨ その他

(2) 新規事業開発型企業への脱皮

国内・国外での政治・経済・社会等の環境の不確実性・不連続性の増大、さらに、今後、世界経済をリードしていくべき立場になりつつあるわが国企業が、二一世紀の高度情報化社会を前提とし、企業家的イノベーションを目標とする、いわゆる新世代企業たらんとするならば、既成を打破する創造的な技術革新、新時代における役割や戦略領域の定義づけが期待されているとみるべきである。

新時代における戦略的経営の流れとしては、次のような戦略が考えられる。

① 情報化やネットワーク化の進展に対応した、一見関連のない分野への新規事業展開による多角化。
② 日本経済の相対的強みに比例して、ますます強まると予測される外圧や国際的役割・貢献の認識に

もとづいた海外市場への一層の進出。

③　ME技術の進展による工程革新の高コスト化、製品の機能的高度化や本モノ志向、消費者の多様化や個性化などによる製品革新の高コストに対応して、一方では、日常的・標準的な商品に関しては生産の徹底した自動化・合理化にもとづく生産コストの低減化による製品価格の押さえ込みと同時に、デザイン等によるソフト面での差別化戦略を志向。

④　他方、高級化志向の戦略では、むしろ知識集約な高度技術を駆使した、高付加価値商品の開発戦略を志向。

経済が減速・安定成長・マイナス成長、および高度経済成長を支えてきた企業の巨大化や成熟化・衰退などにより、多くの企業で、組織の官僚化、ポスト不足、高年齢労働者の増加がみられる。さらに技術の高度化への不適応や疎外などにより、組織活力が低下しつつある。

組織活力が低下するということは、改善や改良が促進されず、アイディアも出ない、沈滞したムードを醸成していく。その結果として経営戦略の実現を阻害することになる。

下位部門が改善や改良などによって生産性や営業成績を向上し、さらにミドル・マネジメントが事業部門の将来を創造することによって、トップ・マネジメントは、新世代企業戦略を展開することが可能となる。それぞれが独立した役割を担い、目標を達成していくことが基本である。

組織の活力を高めるには、それぞれの単位組織メンバーの自主性や目標、さらに個性といったものを尊重すると同時に活かさねばならない。さらに企業全体としては、合理性のみを追求する管理志向の組織から、「イノベーション」を志向する戦略的組織へと移行することが重要かつ緊急を要する。

「イノベーション」志向の組織への転換期の特徴には、次のような性向があげられる。*6

① 「小さな本社、組織の簡素化」に代表される組織構造への転換、大規模化し硬直化ないしは官僚化した組織の再編成。

② 「組織の戦略化」、つまり戦略企画部門、戦略的決定機構の機動化・再構築、各事業部門へのSBU(strategic business unit)の導入・活用。

③ 「トップ・マネジメント構造の改革」、つまり若返りや常務会の機動化・再編(経営戦略委員会)。

これまでの議論から、新世代の新規事業開発型企業へ脱皮するには、次のような組織的イノベーションを具体的に実施することが必要である。

(a) 戦略的組織の生成

① SBU(戦略事業単位)…トップダウン型の組織的特徴をもつ、戦略主導型の組織。

② 社内ベンチャー…ボトムアップ型の組織的特徴をもつ戦略創発型組織。

③ 戦略相互浸透型組織…トップダウン型とボトムアップ型を統合した組織的特徴をもつ組織。このような組織生成のためには企業家精神にもとづくイノベーションに主導され、トップ自体が将来のヴィジョンをもち、下位の各単位組織の自主性と創造性を尊重することが不可欠。

(b) ネットワーク型組織の生成

現在、旧来の金融機関を媒体とした企業グループに対して、新事業の展開のための子会社の設置やコングロマリット的多角化などによって、産業間の垣根が取り払われ、異業種間の企業グループ化の動きが、ますます高まっている。また、中小企業にとっては、独立性を保持するために、すきまをねらい、他のベンチャー・ビジネスや中小企業とのグループを形成するか、大企業の傘下に入るか、身売りするか、さらには存続そのものを放棄するのか(清算)、といった選択が迫られている。

このように規模を問わず、外圧や国際的環境の影響も加わって、企業のグループ化やネットワーク化はますます促進されるだろう。これまでの大規模企業も、環境変化への柔軟性を高めるためにも、とりわけ異業種分野に進出するには、特定の技術をもった中小企業やベンチャー企業を買収したり、社内ベンチャーとしての子会社を設立することになる。そこで、半独立的な企業群や単位組織間でグループとして、ネットワークをつくり、ゆるやかな統一性を保つこと、そしてアメーバのように核分裂することで、環境変化に対応していくことが必要となる。

(c) **企業家的人的資源の育成**

創造性とは、まず既成にこだわらないことである。時代を形成する中核的人的資源は、創造性に富み、企業家的特性をもつ。このような企業家的人的資源は、次のような特性をもつといえる。

① 何か一つのことに一意専心する。

② プロフェッショナルとして、自らの専門的領域に自負心をもち、個人主義的傾向が強い。

③ 自己実現欲求が強く、高い目標をもち、それに向かって精力的に取り組み、さらに名声や地位への欲求も高い。

また、これからの企業には、新事業展開や新製品開発、さらに国際化への対応を含めた新市場開拓など、これまでの既成の戦略とは異なる部分での展開が期待される。そのような状況では異質な人的資源が多数要求される。したがって、前述のトップの強力なリーダーシップとともに、他方で、組織メンバーの独立性と自律性を基礎とした創造力開発と創造的組織風土形成も必要不可欠である。

(3) 戦略的経営企業への脱皮の諸条件

自社に対する将来ヴィジョンを描き、それを鑑みつつ、常にイノベーションを目標とし、常時企業の枠組みやプロダクト・ミックスなど基本的かつ全体に関わるシステムを見直しつつ経営戦略を実行していく「戦略的企業」は、次のような諸条件を満たす必要があるだろう。

① 自社のスタンスや経営指標の再構築…経営理念の再構築、市場スタンスの再構築、自社製品のコンセプトやプロダクト・ミックスの見直し、独創的自主技術開発にもとづく独自性の強い製品開発、自社の伝統・文化・主張が込められている製品開発、資本利益率や売上利益率などの管理的指標から新製品売上比率、事業多角化率、さらに海外生産比率などの戦略的経営指標への転換など。

② オープンで民主的な企業内文化(経営理念、伝統、慣習、社風、組織風土、マーク、シンボル・カラーなど)の再構築。

③ 自社の経営力[*7]の認識と弱点の補強…自社の強みと弱みの分析と弱みの改善。

④ フレキシブルな組織構造(柔構造)やネットワーク型組織構造への転換。

⑤ 明日の新規事業分野の展開に際して、研究開発などで、現在先手を打つこと。

⑥ 明日の新規事業展開のための人的資源開発を今行うこと。

⑦ 新事業および新製品の絞り込みとナンバーワンを目指すこと。

⑧ その他

以上が、戦略的経営企業の成立要件である。このような戦略的経営企業としての条件を前提とした戦略的経営の主たる内容を、次章以降で展開したい。

注＊

1 “venture business”とは知識集約型で革新的な経営を行う小規模企業である。先端技術の製品化を行う研究開発型の企業、市場ニーズの多様化や個性化によって生まれたすきまをねらうニーズ型企業などがある。ベンチャー・ビジネスは専門的な技術者やマーケティングのスペシャリストなどによって創設されることが多い。資本面では弱い。“venture capital”つまり、ベンチャー・ビジネスに対して資金を貸し出す投資株式会社への期待が大きい。

2 工房型生産、少品種大量生産、少品種少量生産、多品種少量生産などについては、池内守厚著『工業経営の進化と経営デモクラシー』一九九八年、中央経済社を参照にされたい。なお「工房型生産」とは、一箇所あるいは一コーナーにすべての部品を系統的に並べ、一人またはグループで生産するシステムである。労働者にとってはつくる製品の部分が一目で見渡すことができ、今、どの部品を使って、どの生産工程にあるのかが分かること、また製品をつくり上げた時の満足感が得られるというメリットがある。また生産量に応じてはグループで生産する場合もある。この場合でも生産工程は分割しないので、一人生産と同様のメリットが得られる。生産性は他の生産システムと同等あるいはそれ以上という結果もある。

3 近藤修司著『「技術マトリックス」による新製品・新事業探索法』日本能率協会、一九八一年、九〇頁を参考に一部加筆・修正。垂直的多角化とは既存の製品・市場分野を中心にして、異なる生産段階および流通段階への多角化である。これに対し、水平的多角化とは既存の製品・市場分野と共通性の高い製品・市場分野における多角化をいう。

4 奥村昭博著『企業イノベーションへの挑戦―新企業家精神の創生―』日本経済新聞社、一九八六年、一二六頁。

5 永井幹生著『ニュービジネス成功の条件』オーエス出版社、一九八九年、一九四頁～二〇二頁を参考に、加筆・修正。

6 奥村昭博著、前掲書、一七四頁を参考に一部加筆・修正。

7 経営力については、第8章を参照されたい。

第6章 現代企業経営の合理化とネットワーキング戦略

本章以降では、戦略的経営について展開する。戦略的経営の主たる内容を、①企業間ネットワーキング戦略（第6章）、②創造力開発戦略（第7章）、③経営力開発戦略（第8章）、④グローカライゼーション戦略（第9章）と考える。グローカライゼーション戦略の一展開として、アジア・ローカライゼーション戦略（第10章）についても論及したい。

本章では、ネットワーキング戦略について、①企業内ネットワーク、②企業間結合と企業系列、さらに③企業間ネットワークに分けて段階的に考察してみたい。

ここでいう「ネットワーク」とは、個々のユニットが他のユニットに対し一定水準以上の「自立性」「自律性」「独創性」を有し、さらにユニット間で何らかの相互関連性をもっていることを前提とする。したがって、前章でいうところの企業内・事業間ネットワークやこれまでの資本で結合している企業グループとは異なる。各ユニット（独立性、自律性や独創性を有する事業部、子会社、ベンチャー、関連企業など）の規模はさまざまである。本章第3節で取り扱うユニット間ネットワークにおけるユニット（個人も含むより多様なネットワーク・ユニット）は、独創的な"core competence"つまり独自性と独創性のある核となる技術や能力を有するものであることが必須条件となる。また第3節のユニット間ネットワークは人的ネットワークや情報ネットワークなど、あらゆるネットワークの相互作用から生起する創造的で柔軟なネットワークを想定している。

1●企業内ネットワーク

本節では、企業内における分権的組織の発展形態としての円環状ネットワーク組織とその特徴、さらにネットワーキングの目的とその影響について考察し、本章の基礎概念としたい。

(1) 企業組織の分権化とネットワーク組織

企業組織は、当該企業の活動内容の多様化や規模拡大などによって変遷してきた。また「組織構造は経営戦略に従う」という受動的に変化する組織形態という考え方が主流であった。しかし、組織自体、創造力の発揮が期待されるようになると、組織そのものが活力があり、イノベーショナルで創造的であることが不可欠となる。

では、まず企業組織の時系列的変遷をみてみよう。それは、次のように図式化できよう。

①「集権的組織」の代表的な形態は軍隊組織である。②③の「分権的組織」の代表的なものとしては製品別事業部制組織や地域別事業部制組織がある。④の「円環状ネットワーク組織」はその中心にユニット間の業績管理やユニット間の調整を担うトップ組織のユニットをもつ。各ユニットはあたかも独立した企

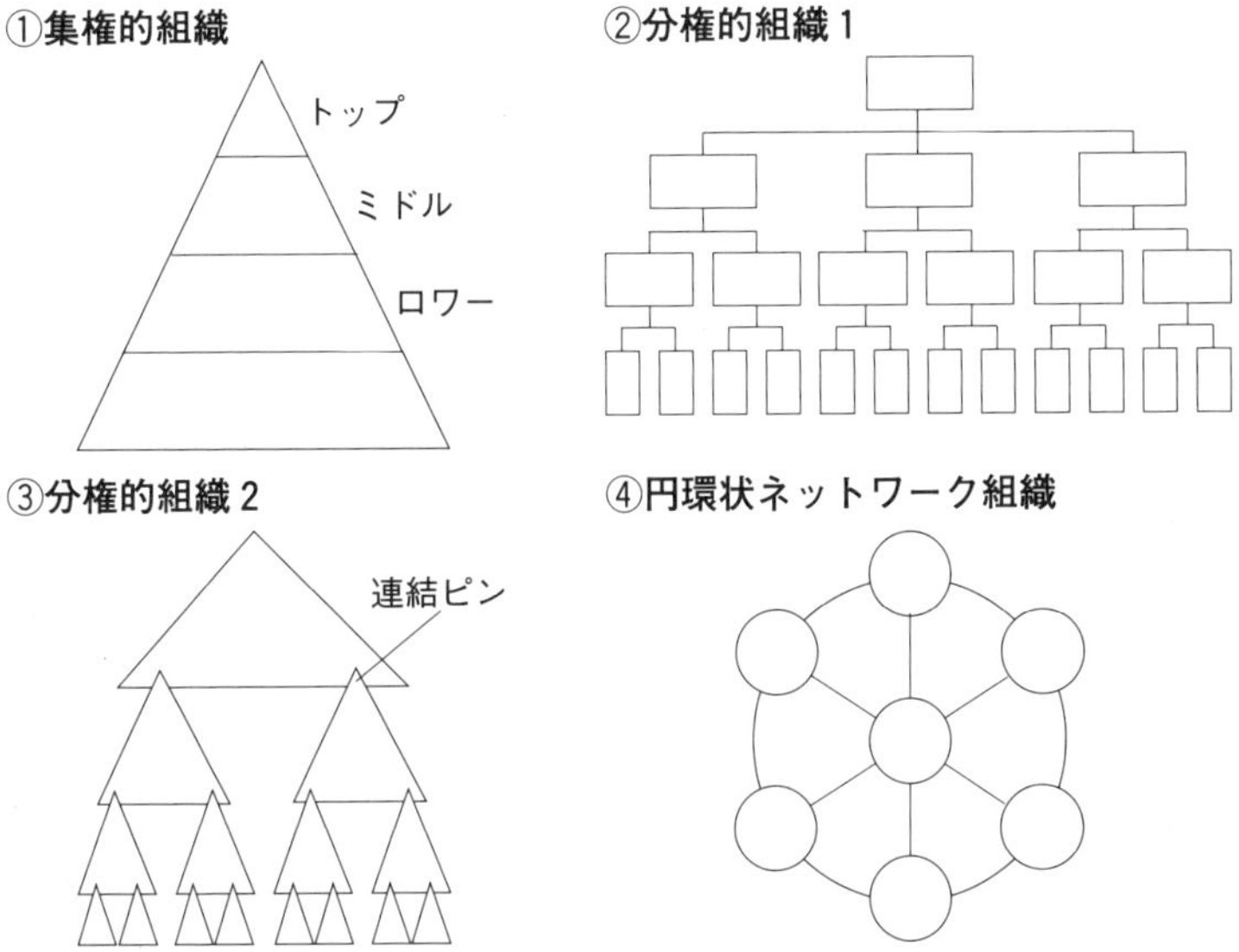

業に近い行動を志向し、自己のユニットの業績に対し責任をもつ。この円環状ネットワークでは、ひとつのユニットが調整役としての役割を担い、また別のユニットが、機能的にみれば、生産システム、情報システム、マーケティング・システム、財務システム、労務システムなどとしての役割を担う。このような機能別ユニットの他に、製品別・地域別ユニットなどが考えられる。

(2) ネットワーク型組織の特徴

前述したように、企業組織は合理化という企業目標の達成を目指して集権化から分権化、さらにネットワーク化の方向へと進化してきた。本項では、ネットワーク型組織を構成する各ユニットの特徴をあげ、ネットワーク型組織の概念をより明確にしたい。各ユニットは、以下のような特徴をもつと考えられる。

① 個々のユニットが一定水準以上の自立性つまり独自性と独立性を有すること（自立性）。

表6-1　ネットワーキングの目的と結果

ネットワーキングの目的	ネットワーキングの結果
階層的な状況では入手できない情報の収集・コントロール	影響力・パワーの蓄積
共通の関心・イデオロギー・社会的地位の向上	パワー基盤の構築
個人的な相性・友情・同僚関係の深化	人に関わる状況の中での強力なパワーの発揮
人びとの間の十分なコミュニケーション	人びとの結合力・集団パワーの向上
文化，つまり規範・価値観・信念の伝播	共通意識や信念の醸成
新組織の創設	人びとの結合力・相互依存関係の深化

出所：Robert Kirk Mueller, *Corporate Networking-Building Channels for Information and Influence*, 1986（寺本義也／金井壽宏訳『企業ネットワーキング－創造的組織を求めて－』東洋経済新報社，1991年，17頁を参考に表にした）

②　個々のユニットは成果・結果に対し、一定水準以上のさまざまなレベルの責任を有すること（自律性）。

③　個々のユニットがさまざまなレベルの能力を発揮しうること、そしてコアーとなるものをもつこと（独創性）。

そこでネットワーク型組織では指揮・命令を担当するトップ組織ユニットや調整役を担うユニットを小さなものにすることができる。そこでトップ組織ユニットや調整役を担うリーダーはトップとしてネットワーク型組織の将来ヴィジョンや将来の事業などについてじっくりと想像と創造をめぐらし、新世代のネットワーク型組織について検討することができる。ネットワーク型組織のうち各製品や各地域を担当する事業部ユニットは、それぞれの市場規模に左右される。そこで、成果責任制がとられる各事業部ユニットでは業績向上への努力に向けての戦略が活発化することになる。ユニットの業績が向上すれば、各メンバーの給与にも反映されるからである。

(3) 企業内ネットワーキングの目的とその影響

これまでの組織論的なネットワーキングでは、次のような議論がなされてきた。ネットワーキングによって、パワーの蓄積や基盤の構築、さらにはパワーや影響力行使のバックボーンとなる集団力や組織力が醸成されるということである。われわれは日常生活において、実にさまざまな組織に所属し、同時に、それぞれ異なった幾重もの結合関係をもっている。この結合関係のうちにあって、ネットワークを構築することは、自己のパワー・アップにとっても特別な意味合いをもっている。組織論的立場にスタンスを置くネットワーキングの目的と結果についてまとめたのが**表6-1**である。

2●企業結合と企業系列

現在、新旧産業において、合理性追求の名のもとに合併（mergers）や買収（acquisitions）、提携、さらに企業分割・新事業の立ち上げなどによるネットワーキングが進められ、企業再編、産業構造の見直しなどが進んでいる。概ね製造企業では企業分割・グループ化・ネットワーク化が促進されている。他方、金融・証券・保険業界では、グローバル・レベルでの競争状態の中で、合併・買収・再編が進められている。

本節では、以下において、企業結合、企業系列、企業グループといった、これまでの企業連携の形態について取り上げ、それぞれのデメリットや限界点を中心に考察する。

図6-1　合併の基本型と実際

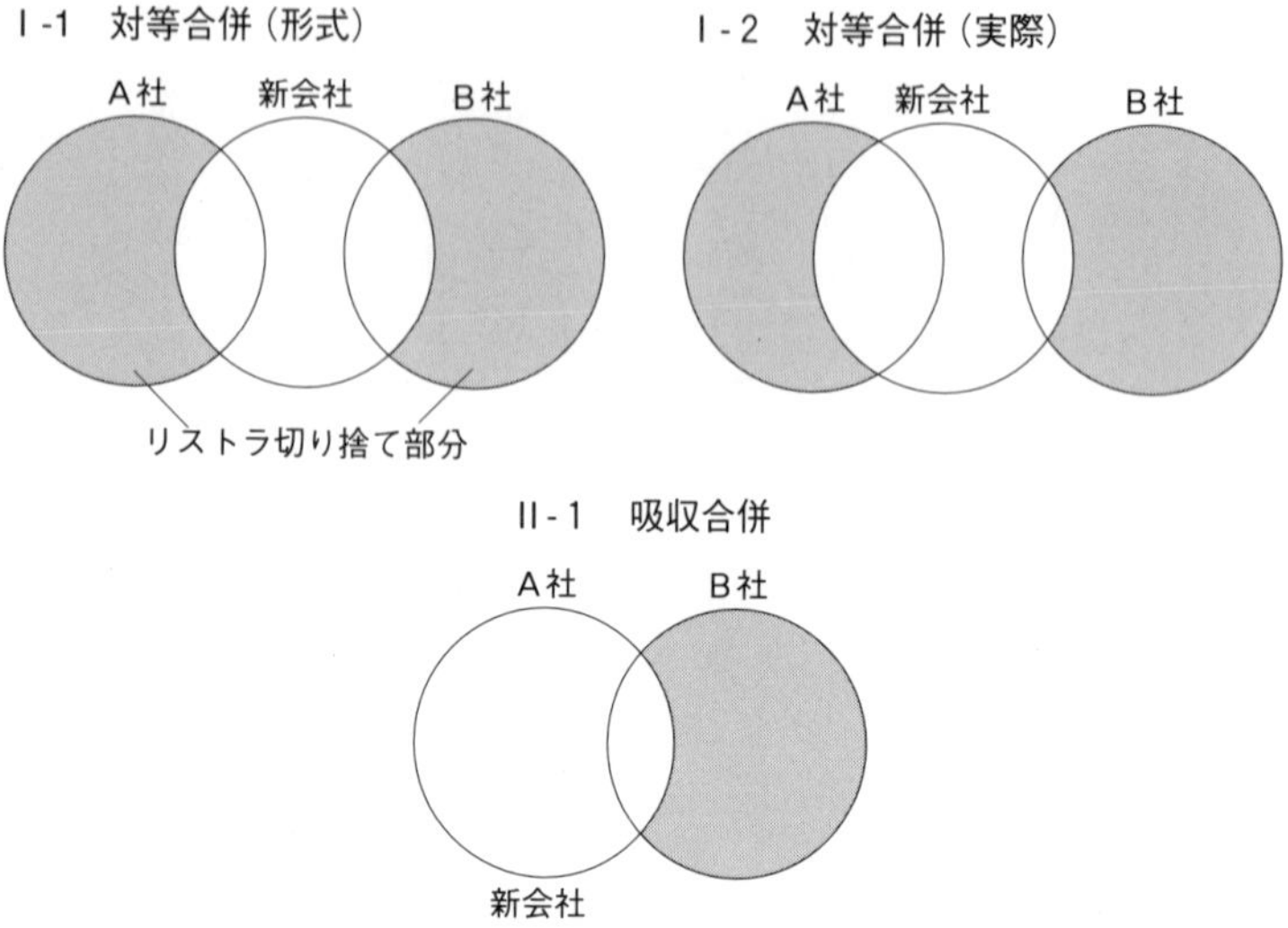

(1)　企業結合

現実的な企業結合には合併・買収と提携が考えられる。

「合併」の起因としては①当該産業の成熟化、②当該産業市場の縮小化、③当該企業がその市場において独自性や独創性が発揮しえないこと、④このような状態の中でグローバル化が進行していること、⑤スケールメリット（規模拡大によるメリット）が求められていることなどがある。このような状況にあっては合併戦略が志向される。合併には対等合併と吸収合併とがある。しかし、実際には対等合併といっても、どちらかがパワーゲームに勝利し、吸収合併に近い形になる。さらに、合併の後にはリストラ[*1]がつきものである。いわゆる、人員削減や設備廃棄などが実行される。このような合併の基本型と実際の合併の状況を表わしたのが**図6-1**である。ここでは合併によって企業規模が拡大することを想定していない。

他方、ゆるやかな結合形態として「提携」が考え

企業集中・企業結合 —— 合併，買収，提携

企業グループ・企業分割・ネットワーク化 —— 企業系列，企業集団，企業間ネットワーキング

られる。提携も一つの戦略として、自社の弱みを補強する意図にもとづいて実施される。提携戦略は企業間で相互にメリットがなければ成立しえない。と同時に提携関係はいつ解消されるかわからないという不安定さをもつ。このような提携戦略の対象領域としては、生産、マーケティング、技術や研究開発、資本などがあげられる。

以上のような企業集中・企業結合に対し、企業分散・企業分割さらにネットワーク化が今後の主要課題となろう。以降において、上に見るような企業系列、企業グループ、さらに企業間ネットワーキングについて考察する。

(2) 企業系列

「系列」(keiretsu)とは企業間あるいは企業グループにみられる相互信頼関係にもとづいた長期継続的取引関係で、合理的であり、これまで日本企業の競争力の強さの源泉であるといわれてきたものである。系列を形成する軸となるのは企業間で固有の①取引関係、②資本関係(株式保有)、③人間関係(役員の派遣など)である。それらの関係を表わしたのが**図6-2**である。

このような系列については、特定の系列内企業の利益・利害だけを優先して、系列外の日本企業や外国企業を取引から排除したり、差別したりすることがありうることから、現代のような“megacompetition”(大競争)、国際化の時代にあっては不公正なものとして見られがちであると同時に、系列内取引や協力関係だけでは対処しえない事態も起こっている。いわゆる系列崩壊である。

図6-2　系列内相関図：タテ系列とヨコ系列

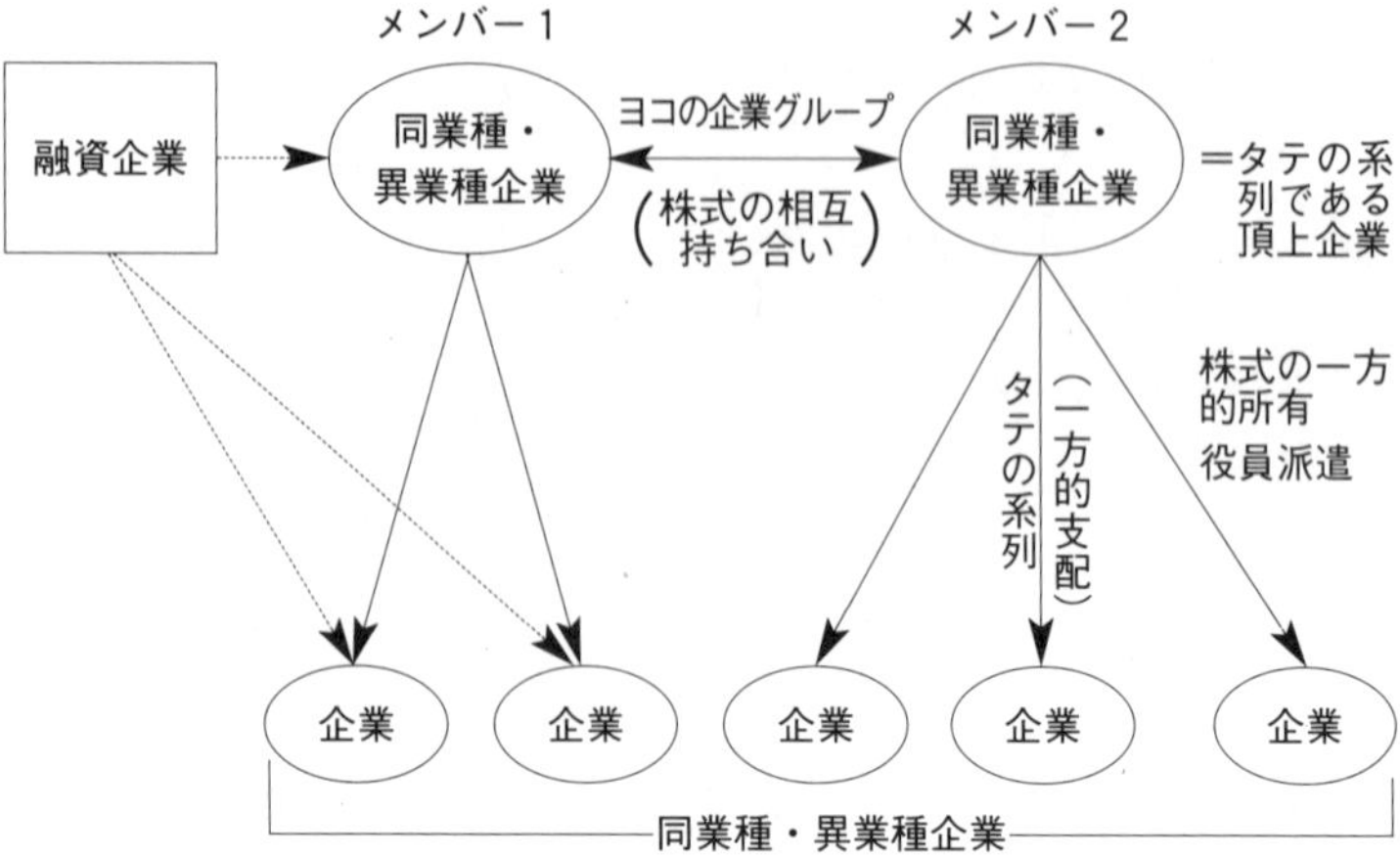

今日、企業や経済の国際化に伴い、外国企業の参入障壁の一つとして、わが国の株式相互持ち合いが引き合いに出される。大企業を含めた企業間の結合は、株式の相互持ち合いによる相互もたれ合いであり、一方で、その持ち合いグループは総体として巨大なパワーを保持してきた。他方で、当該企業の経営者自身には、パワーをもっていることへの意識が希薄であった。そこで責任者不在の支配機構が構築され、企業間のもたれ合い経営やなれ合い経営を促進させてきたと考えられる。

これまでの企業グループの典型としての系列の特徴として次のような点があげられよう。

①　法律的には、それぞれ独立した企業であること。
②　企業間でタテ・ヨコの相互協力・協調関係をもつこと。
③　資本的には安定した株式の相互持ち合い関係にあること。
④　人的には非常勤取締役などの形で相互に人材を派遣し、交流していること。
⑤　系列の中核的企業として、都市銀行や総合商社を

有すること。

⑥　系列の最高の連絡・調整機関として社長会を有すること。

(3)　企業グループ

企業グループには，上のようなタイプが考えられる。

有力銀行を中心とした企業系列 ── 旧財閥系 ── 三井，三菱，住友
有力銀行を中心とした企業系列 ── 非財閥系 ── 芙蓉，第一勧銀，三和

独立系企業集団 ── 日立，松下，トヨタなど有力企業を核として形成される関連企業群

独立系企業集団のうち，日立グループは①日立御三家である日立金属，日立化成工業，日立電線などの素材メーカー，②新日立御三家といわれる日立マクセル，日立クレジット，日立産業，さらに③産業機械メーカー，④輸送用機器メーカー，⑤弱電・家電メーカー，⑥通信・電子メーカー，⑦販売・流通・サーヴィス業などからなる。この日立グループは日本の産業界のパラレルワールドの小型版ともいえる。また，地方分散型の，より主体的な伸縮性をもったグループである。

このような企業グループの進化形態として，次の節で企業間ネットワークを取り上げる。

3●企業間ネットワーキング戦略

現在では，企業間での合併・買収・提携といった結合関係の構築，さらには企業系列・企業集団・企業間ネットワーキングといった企業グループ化やネットワーク化が一方では崩壊し，他方では構築が進められている。ネットワークの異なった，それぞれ貴重な諸

図6-3　プロセス・イノベーションの4つの主要なカテゴリー

主要な利益

コスト削減 ──→ 製品の品質向上

急進性のレベル	コスト削減	製品の品質向上
マイナーな漸次的改善	設備・原材料・作業用消耗品の供給業者	設備・原材料・作業用消耗品の供給業者＋製品のユーザー
↓		
メジャーな向上	主要設備供給業者＋研究機関＋同じ産業内での競争企業	主要設備供給業者＋研究機関

出所：Jens Laage-Hellman, *Chapter 2 Process Innovation Through Technical Cooperation*, Edited by Hakan Hakansson, Industrial Technological Development ; A Network Approach, Croom Helm, 1987, p.29. 一部加筆修正。

資源や技能をもったユニット間での協同による新しいプロセス・テクノロジーの開発は相互に有効性（effectiveness）が増幅される。つまり革新性を高めたり、コストを削減したり、製品の品質向上などをもたらしたりする。このようなプロセス・イノベーションを行う、もっとも普通のタイプの協同パートナーを四つのカテゴリーに分け、それぞれの効果を表わしたのが**図6-3**である。

現在のような消費の高度化（多様化・個性化）、市場の成熟化、産業の高度化やボーダレス化、さらに経済の成熟化・低成長化・減速化といった状況の中で、従来の、規模拡大によるスケール・メリットを求め、それによって競争優性を保持することは不可能となった。このような環境変化の中では、むしろ企業のダウンサイジング（小規模化）をはかり、切り捨てるものは切り捨て、あるいは分社化や、企業間でネットワーク化を推し進めることも必要となってきた。つまり企業系列や企業集団を越えた企業間でのネットワーク構築が期待され

- 企業グループ
  - 垂直型
    - 旧財閥系グループ ┐
    - 非財閥系グループ ┘ 有力銀行を中心とした企業グループ
    - よりフラットな独立系企業グループ
  - 水平型 —— ネットワーク型企業グループ

ている。

企業は、本来、アメーバのごとく、集合や離反を繰り返しながら、さまざまに形を変え、生き残っていくものである。今日では、グループとして、各ユニットが独自性や創造性を活かしつつ、ネットワーク化し、ネットワークとして総合的にパワーを発揮することが必要である。

今日では、技術や市場がグローバル・レベルで急速に変化していることから、市場での競争が個別企業間から企業グループ間の競争へと構造変化しつつあると考えられる。いわゆるグローバル・レベルでの「グループ経営」が強調される。また自動車産業に代表されるように、これまでのような見事なまでに統合化された垂直的システムを構築するのではなく、グループ企業間の水平的・多面的な協調関係を構築することが必要である。そして、親会社中心の従来型のピラミッド経営ではなく、グループ企業の自立性（独立性と自律性）と個性を活かした「束ねのマネジメント」にもとづく、伸縮的で開かれたネットワーク経営の必要性が高まっている。[*2]

前述した企業グループが垂直的であるのに対し、本節でいう企業間ネットワーキングは水平的グルーピングともいえる。企業グループを垂直型と水平型とに分けると上のようになる。

このような水平的な企業間ネットワーキングには、(a)企業分割にもとづくネットワーキング、(b)当該企業プラス子会社群といったネットワーキング、(c)当該企業プラス他企業群とのネットワーキング、さらに(d)集積・分配型ネットワーキングなどが考えられる。

(a) 企業分社型ネットワーキング

これは製品別・部門別（食品・薬品など）、営業地域別などに分社化し、ネットワーク化するパターンである。消費者、市場、技術、研究開発などが各点に集中できるため、それだけ効率性が高まる。消費者のニーズなどへも即時に対応できる。この分割型ネットワーキングは、後に(c)の円環型ネットワーキングになる可能性をもつ。

(b) 増殖型ネットワーキング

これは、自立的なユニットが、それぞれの判断で自己増殖するパターンで、さまざまな産業分野のユニット間でのネットワーキングである。

a) 企業分社型ネットワーキング

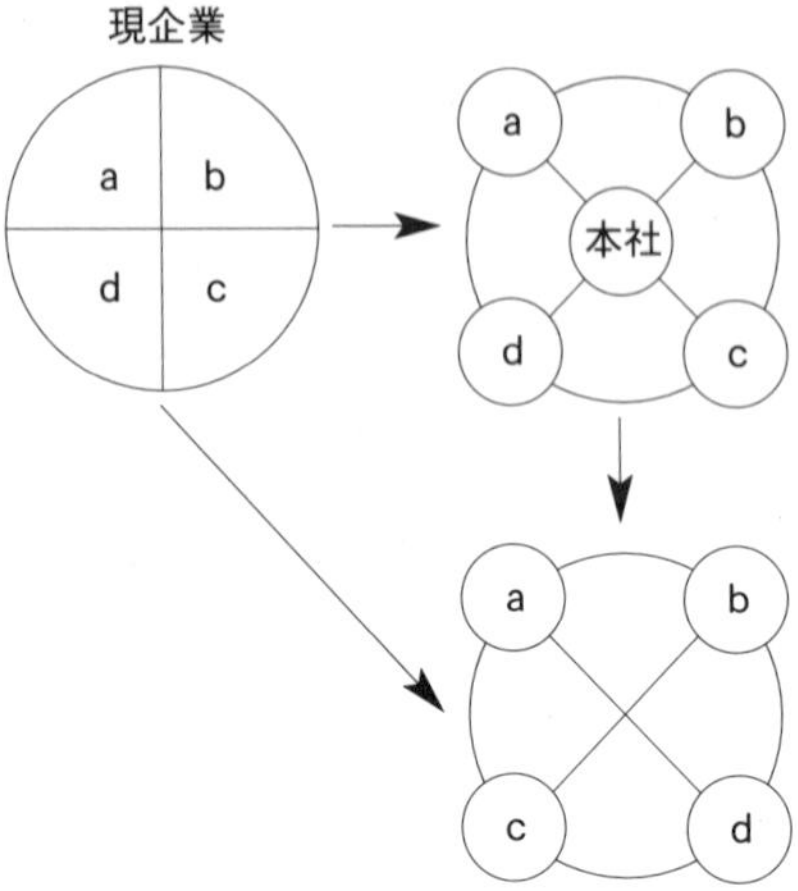

(b) 増殖型ネットワーキング

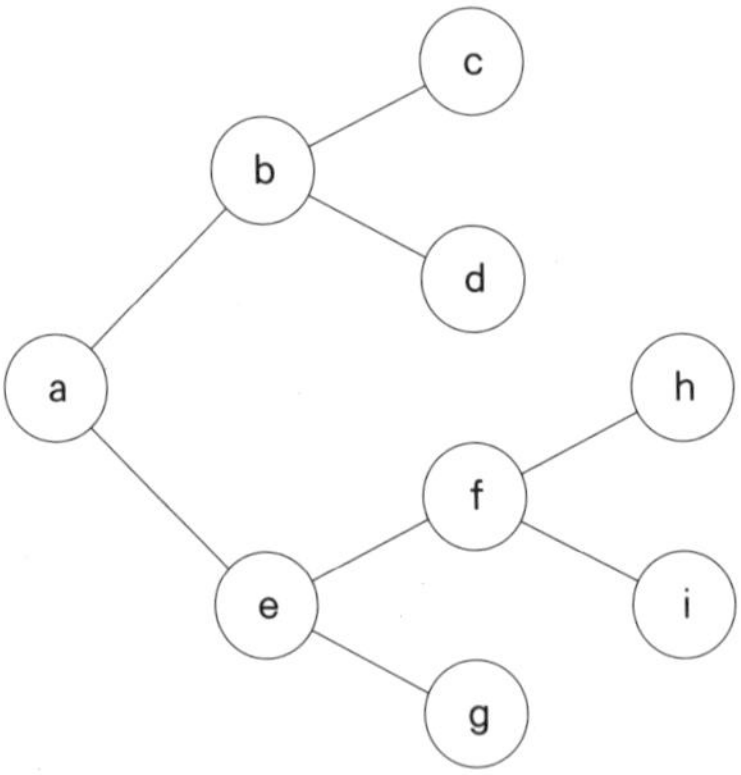

(c) 円環型ネットワーキング

もともと異なる企業が共同開発や生産、製品リサイクルなどで、足りない分野や秀でた分野でお互いにネットワーキングを促進させ、協力関係を構築しようとするパターンである。

(d) 集積・分配型ネットワーキング

(d)の①は、例えば、ある地域で企業間ネットワークをつくり、依頼主《クライアント》からの依頼情報を一点に集中させ情報の効率化をはかり、特殊なあるいは独創性のある技術をもっている各企業に依頼情報を提供するパターンである。

(d)の②は、各製造企業からの製品を一点に集中させてから、小売業者に配送するようにし、流通の効率化をはかろうというパターンである。

(c) 円環型ネットワーキング

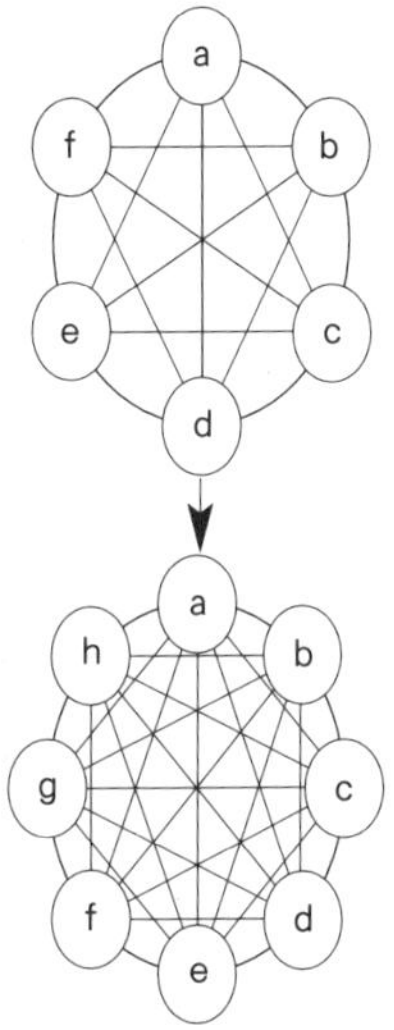

(d) 集積・分配型ネットワーキング

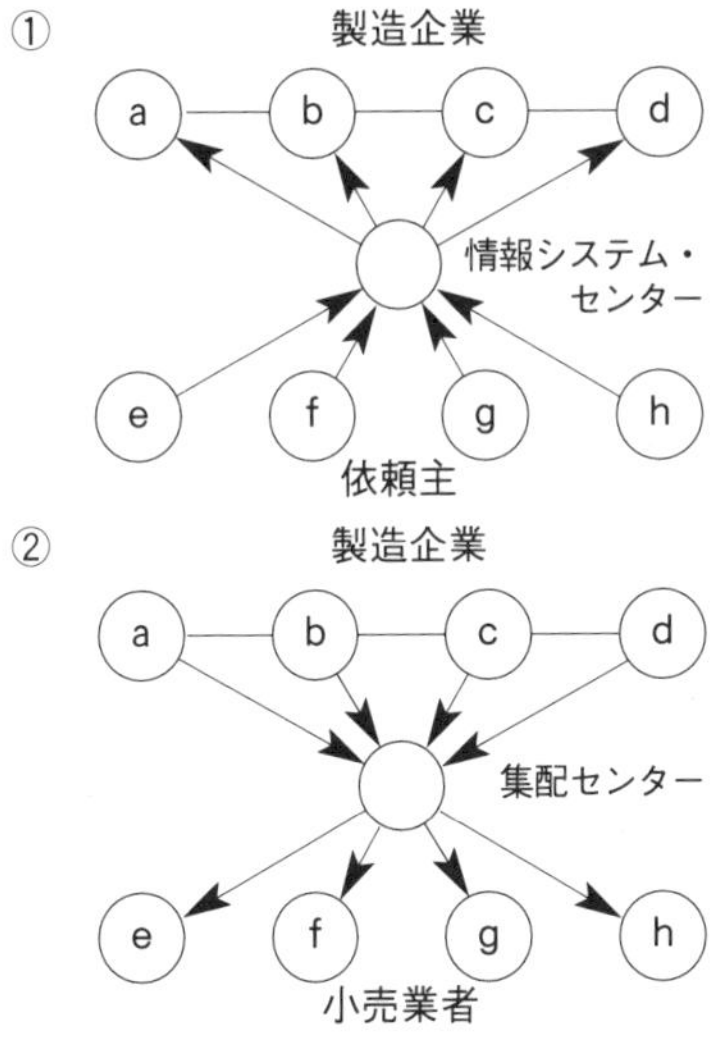

以上のような水平的で分散型の企業間ネットワークは、次のような特徴をもつ。

① 必ずしも資本出資を前提としないこと。

② 企業間関係は水平的で対等な関係を原則とすること。

③ それぞれの企業は独創性の高い製品、技術、デザイン、さらに独自性の高い市場を有する。つまり独創性の高い技術や能力である〝core competence〟を有することが要求されること。

④ それぞれの企業は、原則として単一の製品・技術や市場をもつことから、規模的には比較的小さいということ。

⑤ それぞれの企業は業績の悪化、双方向のメリットの喪失、さらに、ある企業が製品、技術、デザイン、市場などの面で独自性や独創性を失えば、ネットワークから脱落する可能性が大きいということ。

⑥ ネットワークの対象となる企業は国内に限定されないということ。

注＊

1 リストラ（restructure）は人員削減の意である。この場合、設備廃棄や工場閉鎖などを伴う。これに対し、リストラクチャリング（restructuring）は事業の再構築という意味で使う。これに伴って新製品開発や新事業の立ち上げが行われる。

2 伊藤邦雄稿、日本経済新聞、一九九一年一一月一二日。一部加筆・修正。

第7章　現代企業経営の民主化と創造力開発戦略

人間主義・市民主義・環境主義にもとづいた企業経営を行うことは企業進化の証左である。また、企業進化しているかどうかは、その時代の環境構成主体によって事後的・客観的に評価される。そこで本章では、企業と直接的利害関係をもつ組織内メンバーからみた人間主義のひとつの実践として、民主化の問題を創造的開発という視点から検討する。その際、次のような構成で論理的に展開することにしたい。

民主化 ｛労働の人間化／狭義の経営参加｝
↓ ← 情報公開
組織の「活性化」
↓ ← 情報
活力ある「組織風土」づくり
↓
｛企業「創造力」の向上（第7章）／企業経営活力の向上｝
↓
企業組織の生命力である「経営力」の向上（第8章）

1●企業経営の民主化と経営参加

「民主化」とは企業経営に民主主義（democracy）といったイデオロギーを導入することである。民主主義とは、元来、人間はすべて自由・平等であり、差別してはならないこと、自分の属する社会運営に参加する権利を有すること、社会のリーダーシップはすべての人びとの利益のために行使されるべきであること、を基本概念とする。これらの信念や信条が企業内に持ち込まれ、「経営デモクラシー」として開花したのである。それは人間として、労働者としての要求であり、制度的には企業内差別の撤廃、労使協議制、労働者重役制、職場参加などとして実践されている。

このうち、わが国でもっとも普及している「労使協議制」は、労使の話し合いの場であり、意見交換の場として意義づけられる。わが国では労使協議制における代表者も、団体交渉の当事者と同様に企業レベルの労組を代表する。

旧西ドイツで民主化の核となる制度は「共同決定」である。この共同決定とは、一九五一年施行のモンタン（石炭と鉄鋼）法など共同決定にもとづいた労使共同決定である。モンタン法では「監査役会」[*1]（Aufsicht-srat）に労働者の代表が参加する。その場合、監査役会は労使同数の代表者と一人の中立監査役で構成され、労働側監査役には労務担当取締役の任免に対する拒否権が付与されている。なお、労働者の代表が監査役会に参加できるのは、監査役会で労務問題が討議される時に限るという制限も同時に設けられている。

このように企業経営の民主化の流れは、それぞれの国の置かれた立場、歴史などによって、さまざまな形態をとって現われている。

本章では、企業経営の民主化を「労働の人間化」と「狭義の経営参加」とに分け、さらに「職務再設計」

や「広義の経営参加」の関連を明らかにし、体系化づけ、イノベーショナル経営、つまり経営戦略と戦略的経営の源泉を生み出す「創造力開発戦略」へと展開させていきたい。

(1) 労働の人間化

「労働の人間化（QWL）」（quality of working life）の問題は、産業革命以降の産業の近代化・機械化や大量生産システムの導入による資本主義の発展に呼応して発生した。このような労働の人間化問題の発生の背景としては、次の二つが考えられる。

(a) 労働の分業化・機械化・自動化によって発生した「労働疎外」（labor alienation）。

このような労働疎外から発生した人間性の非人間化には、①職務ローテーション（job rotation）と②職務拡大（job enlargement）によって対応する。

(b) 企業社会の組織化・管理化・分権化の進行によって発生した管理疎外といった「人間性疎外」（humanity alienation）。

この人間性疎外から発生した人間性の非人間化には、①管理レベルの意思決定を労働者自らが行うという職務充実（job enrichment）、②半自律的作業集団の導入、③自主管理作業集団の導入である。この①②③を総称して職場参加（shop participation）という。さらに、前述の職務ローテーション、職務拡大、職場参加は職務再設計を実施する際の構成要因である。

以上の「労働の人間化」に関する項目を体系化すると、次ページの図のようになろう。

上述の「職場参加」とは、作業者集団の自主管理（JK）や職務充実の形で、企業内の各職場において労働者が直接的に意思決定に参画している方式で、アメリカや日本でもっとも浸透している経営参加形態

- 労働の人間化
  - (a)労働疎外から発生する労働の非人間化への対応
    - ①職務ローテーション
    - ②職務拡大
  - (b)人間性疎外から発生する人間性の非人間化への対応
    - ①職務充実
    - ②半自律的作業集団
    - ③自主管理作業集団
    - ④自主的QCサークル

（(a)①職務ローテーション〜(b)③自主管理作業集団）→ 職務再設計の内容項目

（(b)①職務充実〜④自主的QCサークル）→ 職場参加

の一つである。この職場参加は労働の人間化の具体的施策の一つであり、①職務充実や②半自律的作業集団を内包する。④QCサークル活動も自主的に運営がなされる限りにおいて職場参加の一形態である。その際、管理者はアドバイザーとしての役割のみを果たす。

ここでいう③自主管理作業集団の決定事項は、次の三点である。

ⓐ 計画機能…作業目標、作業標準、品質目標、実行計画の集団決定。

ⓑ 組織機能…各人の作業割当ての集団決定。

ⓒ コントロール機能…その計画と実績の比較、必要なコントロール手段の集団決定。

また、ここでいう人間性（humanity）は〝人間らしさ〟を意味する。この人間らしさは、個々の人間のニーズを分析することによって明らかとなる。そこでⓐ企業内における人間欲求とⓑ企業外における人間欲求とに分けて考えてみよう。

ⓐ 企業内における人間欲求

- 参加・参画への欲求
- 技能（skill）習得への欲求
- 自己能力の発揮や承認への欲求
- 自己管理（self－control）や自己選択への欲求
- その他

ⓑ 企業外における人間欲求
社会参加・参画への欲求
知への欲求
ゆとりとやすらぎへの欲求
自然回帰への欲求
自己創作への欲求
その他

(2) 狭義の経営参加

「経営参加」(participation)とは、「資本主義的生産様式の発達に伴う労働の人間性疎外を克服し、また企業内デモクラシーを実現するために、生産手段の運営に関わる企業の意思決定プロセスに対して労働者が参画することを通じて、生産段階の運営の社会化ないし民主的統合をはかること」[*2]であるという。

ここでいう資本主義的生産様式とは、3Sつまり職務の単純化・専門化・標準化を基本とした機械化・合理化による規模拡大を志向した生産様式である。その代表的なものが少品種大量生産を志向するフォード・システム(ベルトコンベア・システム)である。この資本主義の創生期における生産システムは消費拡大・大量消費を所与のものとしていたことはいうまでもない。

また、このような企業内デモクラシーの内には、労働の人間化の発現としての職務再編成や分権的・自主的生産システムの確立も含められるべきであることを付け加えておこう。

本項の主題である「狭義の経営参加」の形態としては、次の三つの点が含まれよう。

- 広義の経営参加
  - 職場参加
    - 職務充実
    - 半自律的作業集団
    - 自主管理作業集団
    - 自主的QCサークル活動
  - 狭義の経営参加
    - 労使協議制
    - 労働３権の行使
    - 労働者重役制
      - 監査役会
      - 取締役会
      - 経営協議会

①「労使協議制」…賃金その他の労働条件以外に労働者の利益や立場に影響のある諸問題について、労使双方が協議し、経営者の意思決定に労働者の利害や立場を反映させようという、アメリカ、イギリス、日本でもっとも普及している経営参加制度の一つである。

②「労働三権の行使」…労働三権はⓐ団結権、ⓑ賃金・労働時間・作業条件などの雇用条件について労使が交渉し決定する団体交渉権、ⓒ労働条件をめぐって労使間で争う権利である争議権（labor dispute）からなる。

③「労働者重役制」…企業の最高政策の決定過程に労働者代表が参加するというもので、旧西ドイツや、スウェーデンなどの北欧諸国において発展している経営参加制度である。

前述の「労働の人間化」の内容項目のうち、職務充実・半自律的作業集団・自主管理作業集団を総称して「職場参加」というが、「広義の経営参加」は、この「職場参加」と「狭義の経営参加」によって構成される。

以上のような議論を体系化すると、上のようになる。

2●旧西ドイツにおける産業民主主義とその実践

旧西ドイツにおいては、一九七七年一〇月から新共同決定法が施行され、従業員二〇〇〇人以上の全企業で、企業の最高経営機関である「監査役会」(Aufsichtsrat)に株主あるいは経営者代表と同数の労働者代表が選任され、労使の共同決定(Mitbestimmung)を通じて、企業の最高政策が決められることとなった。この背景には産業民主主義(industrial democracy)や企業内民主主義(democracy within the enterprise)の思想がある[*3]。同時に、かつて旧西ドイツが東西対立の狭間に位置しており、企業内の安定以上に、何よりも国内の社会的安定を最重視していたことも背景として考えられる。

この「産業民主主義」の根本原理は、次の三点からなる[*4]。

① 労働組合は政府と経営者双方から独立していること。

② 労働組合のみが労働者の利益代表者となりうること。

③ 従業員持株制を採用しているかいないかは健全な労使関係の形成にはあまり重要な意味をもたないこと。

このような産業民主主義の思想に沿って、旧西ドイツでは「労働者重役制」(worker - directors)が実施されたのであった。したがって、この労働者重役制は体制関連的な参加制度であるといえよう。

このような背景をもつ旧西ドイツにおける「労働者重役制」は、次の三つの機関を通じてなされる労使共同決定によって実践される[*5]。

① 企業の経営機関の一つである「監査役会」(Aufsichtsrat)。

② 企業の主要な経営機関をなす「取締役会」(Vorstand)。

③ 企業の従業員代表機関である「経営協議会」(Betriebsrat)。

このうち①「監査役会」は利害関係者の代表による構成が可能であることから、民主的な運営を基本とする。この監査役会は方針決定機関であり、経営執行に対する全般的な監督機関である。これに対し②

表7-1　経営参加と意思決定レベルのマトリックス

意思決定のレベルとその決定内容		旧西ドイツにおけるモンタン(石炭鉄鋼)共同決定法(1951年)	旧西ドイツにおける経営組織法(1952年)	労使協議制(日・米・英で普及)	自主管理体制(日・スウェーデンなど)
政策決定	企業全体の経営目的とその目的を達成するための経営方針や経営戦略の決定	政策決定レベルの労働者の経営参加――従業員1000人以上の企業の最高管理機関である監査役会の労使同数の代表が参画	政策決定レベルの参加――一般企業の監査役の1/3は労働者代表によって構成(ただし，1976年の新共同決定法ではその比率は1/2) 企業レベルに参加する従業員代表機関；企業レベルでの経営協議会	企業全体の労使協議制；企業の政策決定への労働者の参加	
現場管理	経営目的や経営方針を実行するのに必要な諸資源の調達に関する意思決定； 人員計画，組織計画，設備計画，資金計画，研究開発(R&D)計画や利益計画などの決定		事業所レベルに参加する従業員代表機関；事業所レベルでの経営協議会	各工場における労使協議制；管理決定への労働者の参加	
管理決定	作業計画，作業方法や作業条件の変更，安全や品質管理(QC)などの決定		現場レベルに参加する従業員代表機関；現場管理レベルでの経営協議会		各職場における作業グループの自主管理体制―現場管理レベルへの労働者の参加

「取締役会」は監査役会の決定した方針にしたがって経営執行に関して責任をもつ経営執行機関である。①と②の両機関の構成員は重複することはない。このようなことから両機関は、一方において開かれた民主主義を希求し、他方において効率性を追求するという二重機関制をとっていることが一つの特色である。

さらに、労働者重役制の一つを形成する③「経営協議会」は使用者側の共同決定ないし協議権を有する。事前協議事項としては、次のような三点があげられる。

① 社会的事項…賃金、労働時間、休暇、福利厚生施設など。

② 人事的事項…従業員の採用・配置・昇進・配置転換・解雇など。

③ 事業変更事項…工場の操業短縮・休止・移転・新生産方式の導入など。

このような旧西ドイツにおける「労働者重役制」に対し、日本・アメリカ・イギリスで普及している「労使協議制」は経営方針決定に対して諮問的参加を通常とする。

これまでの経営参加の議論を意思決定レベルとの関連でまとめると、**表7-1**のようになろう。

3 ● 創造力開発と組織風土

企業経営の「民主化」（democratization）は、企業を活性化させ、活力ある組織風土を生み出し、経営活力を高め、創造力を醸成させる、という立場から、これまで経営の民主化について議論してきた。

企業がさまざまな環境変化に対応し、社会に存在し続けるためには、企業の内と外（中身と器）を含めたイノベーションが求められる。このイノベーションを実行に移すためには「創造力」（creative power）が必要である。

この創造力から生み出される「創造性」(creativity) の意義は、次の二つの側面をもつ。[*6]

① ある反応が新奇でかつ特有なものか、役に立ち、当を得ているか、あるいは貴重なものか。

② 発見的なものか。

したがって企業の創造的活動というものは、いらなくなったものやいらないと考えられるものを破壊する活動であり、当該企業や社会にとって有益であると考えられるものであると同時に、新しい発見的なもの(アイディア)である。このような活動は、社会が変化し、あるいは社会や企業が変化を求める限りにおいて、継続的永続的に追求されるべきものである。

また、この創造性は、次の二つに分類される。

①「応用的創造性」…現場レベルでの工夫による改善や改良を目指すもの。

②「革新的創造性」…トップおよびミドル・レベルでの改革や発明を目指すもの。

本節では、主として後者を取り上げる。

(1) 個人と組織の創造プロセス

このような創造的活動を議論する場合、各個人の創造力を高め活かしていくこと、各個人の創造力を最大限活かしながら集合化していくことが重要な課題となる。

(a) 各個人の創造力

個人レベルの創造力は「問題を発見し、アイディアを創造し、それを実際に役に立つ考え方・方法・物などに具体化し、成果を出すまでの個人の力」[*7]である。

このような各個人の創造力の背景には、直観 (intuition)、自由意思 (will)、創造の喜び (joy)、不安や批判に対する抵抗力（strength）、自らの創造性発揮に対する周囲の支持・同意（compassion）といった個人内部の創造的本質があるという。[*8]

(b) 組織の創造力

個々人の多くは組織に所属している。したがって多くの個々人の創造力は組織の「場」を通じて発揮される。このような組織の中で個々人が創造力を発揮するには、基本的に①個々人を独立体として認識すること、②個々人の自由意思を認めること、さらに③個々人自体が既成にとらわれず高遠な理想と向上心をもつことが重要である。

他方、企業レベルでの創造力は「環境変化に対応し、将来に向かって、企業経営に役立ち、物的にも精神的にも社会生活を豊かにする新たな改善・改良さらに開発・改革を実際に創り出していく組織的力」[*9]である。

このような組織的創造力は、個々人のもつ創造力をいかに有機的に結合するかによって決定づけられる。その意味で創造力マネジメントは“sensitivity problem”であると同時に、将来の組織創造力の成果を左右する主要な問題である。

組織的創造力は、一つの基幹的な主要活動として、一つのプロセスを経て発揮される。この企業レベルの「創造プロセス」は、次のようにフロー化されよう。

① 環境変化に対応するために創り出された将来に関わる問題の発生・知覚・要求・創造。
② 過去の経験や知識にもとづく当該問題についての情報の収集・分類・消化・創造（別の新しい問題やアイディアの創造）。
③ 当該問題を放棄しないで継続する場合には、その問題解決のための集中的思考と創造性の発揮、創

造の源としてのアイディアの創出。

④ そのアイディアの実現性・市場性・コスト・経営理念などとの調和のチェックを通じた検証・評価。

⑤ アイディアの実現、つまり実際に個人や企業、さらに社会に対して役立ちうるような新たな評価の創生。

この結果、当該企業には、新技術や新製品、新市場、新しい生産や販売などの方法、新しい組織制度、新しい情報システムなどがもたらされる。

企業の創造力は、まさに企業イノベーションの源流であり、企業イノベーションの組織的パワーである。社会が変化する限りにおいては、継続的・永続的にイノベーションは不可欠なものである。したがって創造力は、企業の将来性を評価する重要な指標となろう。

(2) 創造的な組織風土とその生成

「組織風土」(organizational climate)とは「組織構造(organizational structure)、制度(institutions)、とくに経営者や管理者のリーダーシップ、経営方針などによって生成され、影響を受け、その組織メンバーの動機づけ(motivation)や価値観(value)、行動習慣に影響する組織全体の特性である」という。[*10]

組織的特性は、次の四つに分類され、それぞれの組み合わせによって、さまざまな組織風土が形成される。[*11]

①高い集権性と②高い形式性の傾向が強い場合は「役割(role)」が強調される組織風土を形成。

②高い形式性と③低い集権性の傾向が強い場合は「課業(task)」が強調される組織風土を形成。

③低い集権性と④低い形式性の傾向が強い場合は「独立した個体(atomistic)」が強調される組織風土を

形成。

①高い集権性と④低い形式性の傾向が強い場合は「職務権限（power）」が強調される組織風土を形成。

これらのうち「独立した個体」が強調される組織風土が「創造的な組織風土」を形成していくものと考えられる。このような創造的な組織風土は、保守的・閉鎖的な、したがって官僚的な組織風土（bureaucratic organizational climate）に対峙し、次のように定義される。つまり「創造力をかきたてる将来のヴィジョンがあり、組織メンバー各個人の自由意思が尊重されるなかで、チャレンジングで、独創的な創造性の重要性が組織メンバー、とりわけトップ・レベルに認識され、尊ばれ、かつ創造力が発揮しやすい情況である」といえよう。

では、このような「創造的な組織風土」をつくるには、具体的にどのような方法があるのだろうか。以下において議論したい。[*12]

(a) **挑戦的で失敗を恐れない進取の気風**

① 組織メンバーの積極的で挑戦的な失敗の許容。

② 既存の一定枠内での逸脱の許容。

③ メンバー評価は加点主義で敗者復活の道を確保。

(b) **創造する心を育てる自由な雰囲気**

① 目標や達成基準による業績や成果重視の管理。

② 組織メンバー間の開かれたコミュニケーションと情報の開放。

③ 権限委譲の促進と仕事に対する自由裁量権の拡大。

(c) **個性を尊重し異質な人材の雇用・育成・評価**

① 個性的で異質な人材の能力の抽出と組み合わせによる発想の異種混合。
② 異質な人材間のコンフリクト（葛藤）も活力の源として容認。
③ 能力主義による人事評価の採用。
④ 組織メンバーのローテーションの活発化。

(d) 柔軟な組織で風通しの良い創造的な組織構造

① 事業部間の自主性と一定の競争関係の維持が可能な事業部組織。
② 管理階層の少ないフラットな水平的組織。
③ 各機能部門と各プロジェクトのバランスを保持するマトリックス組織。
④ 各小さな組織の自立性（独自性と自律性）・組織間の分権制・情報の即時化・共通化を志向するネットワーク組織。
⑤ プロジェクト組織や、新規事業への進出や新製品開発を志向するベンチャー組織。

(e) 創造的目標の末端までの浸透

このような創造的風土形成のための方法・手段は実にさまざまである。そこで何らかの基準が必要となる。その中心は、トップやミドルが各個人や各組織ユニットに対して、どれだけ「自立性・自律性・独創性」を認めるかである。その認める度合いによって、その組織の創造性のレベルが左右される。

また、この創造的な組織風土は、実に長い時間かけて培われ育てられるものである。このことは組織風土そのものの特性である。半面、挑戦的な組織メンバーからの評価が高い組織風土であればあるほど、トップが交替することによって、一夜にして瓦解する可能性もそれだけ高い。

新しい時代をリードする経営者には、創造力やアイディアを活かしたイノベーショナルで創造的な経営つまり経営戦略と戦略的経営が求められている。この新しい時代をリードする人びとは、次のような能力を身につけることが要求される。[*13]

① 時代に即応した、将来に関わる問題を投影する「創造的洞察力」(creative insight)。

② 他人に配慮する「感受性」(sensitivity)。

③ 未来を創造する「ヴィジョン」。

④ 「忍耐力」(patience)。

トップ・リーダーがその具体的な職務を遂行する際、以下のような思考行動が必要とされる。

トップは、将来ヴィジョン、経営理念、自社能力などを鑑みつつ、収束的思考(convergent thinking)にもとづき、未来に関わる現在やるべき課題を絞り込む。課題を絞り込んだら、次に発散的思考(divergent thinking)にもとづき、課題に関する前例を含めた可能な限りのさまざまな情報を収集する。さらに問題解決のための代替案(alternatives)を可能な限り絞り込む。というように、トップの思考行動は、常に、収束的思考と発散的思考を繰り返しながら遂行される。

これは具体的な事柄から一般的な命題や法則を導き出す帰納法(induction)と一般的な命題や法則を用い具体的な事柄を分析・研究する演繹法(deduction)と似ている。この二つの論理的思考は、相対立する概念ではなく、常に補完的関係をなす思考方法といえよう。

このような論理的思考の他にも、トップ・リーダーには、直観(intuition)、想像(imagination)さらに創造的思考など、これまで非論理的だとして捨象されてきた思考方法も要求される。

(3) 創造的風土形成と経営者の役割

創造的組織風土には、未来を志向する、自由闊達な、コンフリクトや対立はあるが、活力に満ちた、さまざまなアイディアが生成される世界がイメージされる。そのような世界を創るのは、最終的には各組織メンバーの自由意思によって決定づけられるとしても、トップの決断によるところ大である。創造的組織風土形成には、次のような三つの役割を遂行することがトップ・リーダーに期待される。*14

① 独創的な創造を、方針や目標を通じて明確にし、奨励し、人事や報奨を通じて、具体的にその姿勢を示すこと。

② 昨日と明日が違うことを認識し、今日の基盤である過去の歴史や伝統、過去の創造的成果に安住することなく、惰性を破って社内を活性化し、連続的破壊とイノベーショナルな創造を行うこと。

③ 「わが社はかくあるべし」といった、価値観や信念にもとづいた企業理念を立案し、組織メンバー全員に夢や希望を与え、〝創造する心〟をかきたてる将来のヴィジョンを明確にし、組織メンバー全員に周知徹底させること…これを実施する具体的手法として、CI(corporate identity)戦略がある。自社の個性や〝らしさ〟を明確にし、組織メンバーをまとめ、さらに、そのような自社の個性を外にアピールする戦略である。

このような創造的風土形式によって、通常の企業活動の実施能力、さらにイノベーショナル経営としての経営戦略や戦略的経営の実行能力、つまり「経営力」(administrative power, administrative capability)を高めることができる。この経営力は「企業の存続と成長(continuity and growth)の源となるパワーである。主に経営戦略や戦略的経営の実行能力である経営力を高めたり、下げたりする決定要因が「経営活力」(administrative vitality)である。この経営活力がある企業では、人びとが生き生きとしており、つね

図7-1　企業の経営力と活性化

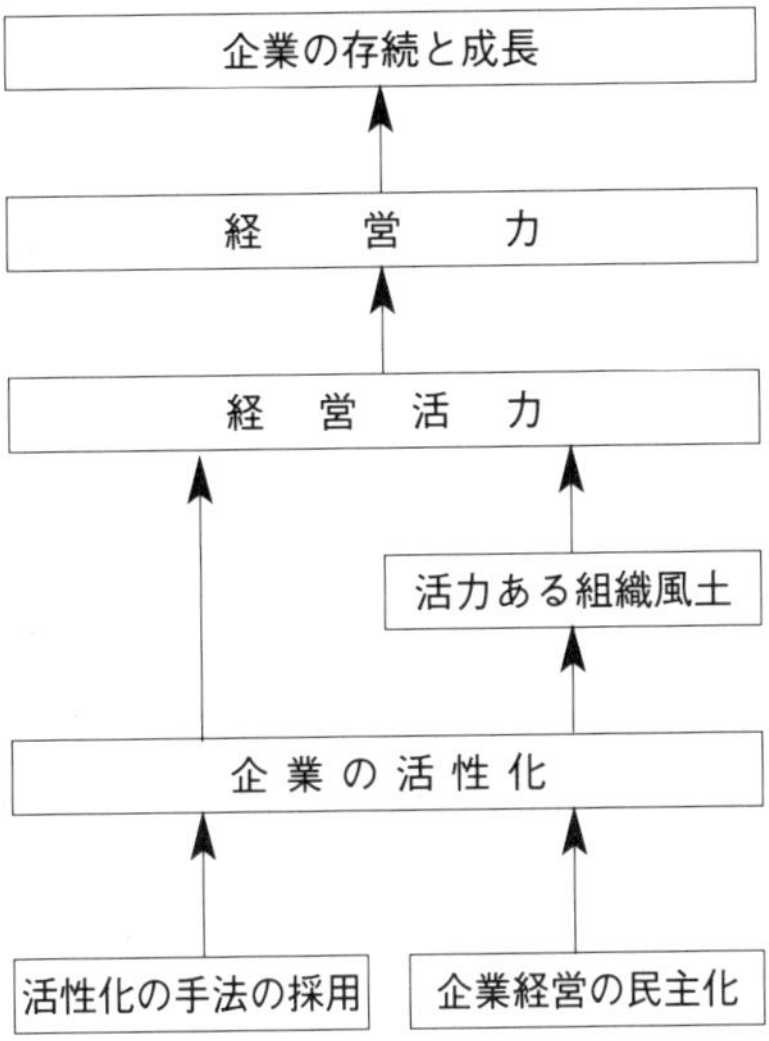

に提案やアイディアが出され、つねに長期的・革新的・戦略的思考や活動によって満たされている状況にある。また、この経営活力は最終的には個人の意思決定に委ねられる部分である。いわゆる経営活力は組織メンバー個々人の“morale”に起因する。さらに、この経営活力の中心となるのは、経営者の信念・信条・理想といった理念的側面や、環境への適応能力・新しい環境創造能力や決断力にもとづいた戦略的側面である。

経営活力は、基本的・最終的には個人の意思決定に委ねられることから、すぐれて組織論的問題である。そこで活力ある「組織風土」(organizational climate)づくりが欠かせない。同時に、さまざまな組織論的手法および企業経営の「民主化」(democratization)によって、企業を「活性化」[*15](activation)させることが必要不可欠である。

以上のような企業の経営力と活性化の関係を表わしたのが、**図7-1**である。

注＊

1　ここでいう旧西ドイツの監査役会は日本の取締役会(board of directors)と同意である。内なる国際化の進む日本社会においては、個々の企業は取締役会が社会に開かれた機関であり、利害関係者の代表機関であることを認識すべきである。

2 占部都美著『経営参加と日本的労使関係』白桃書房、一九七七年、一五頁。

3 同上、八―九頁。一部修正・加筆。

4 村田和彦著『労使共同決定の経営学』二五一～二五二頁。H. A. Cleggの説に依拠。

5 同上、二五〇頁。H. A. Cleggの説に依拠。

6 Michael Ray and Rochelle Myers, *Creativity in Business*, Doubleday & Company, Inc., 1986, p4.

7 日本能率協会編『創造力革新の研究―企業における創造力開発の考え方―』日本能率協会、一九八八年、一八～一九頁。

8 Michael Ray and Rochell Myers, op. Cit., p.8.

9 日本能率協会編、前掲書、一八～一九頁。

10 同上、二二頁。組織構造は経営管理の階層、部門化、権限関係、標準手続やコミュニケーション・システムなどからなる。

11 Desmond Graves, *Corporate Culture-Diagnosis and Change, Auditing and Changing the Culture of Organizations*, Frances Pinter（Publishers）, 1986, p.107を参考に体系化。

12 日本能率協会編、前掲書、五三～五七頁を参考に加筆・修正。

13 Craig R. Hickman and Michael A. Silva, *Creating Excellence ; Managing Corporate Culture, Strategy & Change In the New Age*, Unwin Paperbacks, 1985, pp.31-33.

14 日本能率協会編、前掲書、五八～五九頁を参考に加筆・修正。

15 「活性化」の手法については、本書一五三～一五五頁を参照されたい。

第8章 企業ダイナミズムと経営力開発戦略

「企業ダイナミズム」は企業自体生命体であり、環境変化に対応しつつ、また環境や環境変化を自らつくり出し、目標として、あるいは結果として、生命維持をはかろうという考え方である。したがって企業ダイナミズムは、受動的ダイナミズムと能動的ダイナミズムに分類できよう。

「制度維持論」では受動的ダイナミズムにもとづき環境変化に対応し、製品戦略を中心とした経営戦略を思考し実行する。他方、「制度改革論」では能動的ダイナミズムにもとづき、企業自らを根本から見直し、環境変化を自らつくり出し、戦略的経営を思考し、実行する。

以上のような企業ダイナミズムの議論を体系化づけると、次のようになる。

企業ダイナミズム ｛ 受動的ダイナミズム―制度維持論―経営戦略
能動的ダイナミズム―制度改革論―戦略的経営 ｝ イノベーショナル経営

このような生命体としての企業は環境変化に対応したり、環境変化をつくり出す能力としての生命力

（vitality）つまり経営力を高めることが要求される。

1●企業ダイナミズムと経営活力

企業や企業活動を環境変化に適応させたり、変化を創造したりし、将来にわたって経営存在の維持と発展をはかる原資は、企業に内在する経営力である。「…経営力は経営ないし経営存在の諸機能、諸過程を通じて作用し、目的を実現し、成果を結実する経営総合の能力…」[*1]であるという。かくて経営力は、基本的には、組織力を通じて、それを中核とし、技術力、生産力、マーケティング力、財務力、情報力などを、組織能力を通じて経営者が主体的に統一・調整したものである。

このような「経営力に刺激を与え、経営力を強化し活性化する原動力となるものが経営活力。…経営力を高揚し、発揮させる原動力が経営活力…」[*2]であるという。そこで経営活力のレベルが経営力を規定し、経営成果を規定するといえる。

したがって経営活力のレベルを上げる必要がある。そのためには組織を活性化させ、ダイナミック性を高めなければならない。

(1) 企業ダイナミズム

企業のダイナミック性を阻害する要因は、企業内外に実に多く存在する。①内なる阻害要因としては、ワンマン経営、トップの消極的経営、集権的組織、過度の組織化・管理化、組織メンバーの高齢化、セクショナリズムなどがあげられる。②外なる阻害要因としては、経済政策の不統一、将来展望のない経済・

産業政策、政府による企業や産業への過度の規制強化、過度の法人税などがあげられる。
企業家たるトップ・リーダーは、自らの特性や自らの行動パターンによって、このような規制を打破し、企業ダイナミックス（活動力）を生み出すだろうし、さらに当該企業に新しい展望を開くだろう。彼らは人並では満足しないし、野心的な目標（ambitious goals）や将来ヴィジョンを掲げ、企業をダイナミック・カンパニーへと導くことだろう。

(2) 経営活力

「活力ある企業活動」とは、企業が市場ニーズ（顕在的・潜在的ニーズ）に対応して、新製品の開発、製品の高品質・低価格・早納期などを積極的に実現していくことであり、活力ある企業活動を行う原動力が「企業活力（経営活力）」であるという。[*3]

トップ・マネジメントのレベルで考えるならば、経営活力は①新製品開発戦略、技術研究開発戦略、新規事業開発戦略、多角化戦略といった「経営戦略」、および②ネットワーキング戦略、創造力開発戦略、経営力開発戦略、グローカライゼーション戦略（地域主義に根ざしたグローバル戦略）といった「戦略的経営」の遂行を通じて発揮される。

したがって、経営活力は企業イノベーションや企業活動遂行のための原動力であり、その結果として、企業の経営力（企業能力）を高め、企業自体の存続・成長能力を高めることになる。

これまでの日本企業の経営活力の源泉として、次のような三点がみられた。

(a) 市場の競争性

この市場の競争性は、企業が市場との関連で今何をすべきかを認識することの重要性を強く意識させる。同時に、企業の周囲の状況を把握する感度を向上させることによって、市場ニーズへのもっとも的確かつ効率的な対応を可能とする。それが一方で企業や企業グループの成長を促進し、他方で市場の競争性を一層向上させ、市場の競争性と企業活動やグループ活動の発揮との好循環関係が確立され、一層の企業や企業グループの成長が促進される。

(b) 雇用の安定

「活力発揮の基本は、究極的には経営者と労働者の能力と"morale"と全員のチームワークに尽きる」という。[*4] 家族主義にもとづく日本的労務制度やその一つとしての「企業内組合・企業内福祉」は、労使協調・信頼関係を育んできた。また、日本的労務制度やその一つとしての「終身雇用制」は、とりわけ雇用の安定に寄与してきた。雇用の安定を背景として、一定期間を要するOJT（on-the-job- training）という企業内教育システムによって、さまざまな職務を経験でき、広い視野を身につけることができ、将来の予測能力を高め、それがひいては企業内での組織メンバーの能力を向上させることに寄与してきた。

(c) 情報共有

コンピュータ利用による情報ネットワーク・システムの普及は、「情報の集積度」を高めるとともに「情報の共有度」を高めるとされてきた。この「情報共有」は、次のような情報コミュニケーションを促進させる。

① 横断的、上下間、職場間、同じセクション内でのコミュニケーションの促進。
② 末端管理職にまでの権限委譲の促進や末端組織までの情報流動化の促進。
③ 労使間や組合内部でのコミュニケーションの活発化の促進。

このような"tool"としての情報ネットワーク・システムの利用によって促進されるコミュニケーションは、次のようなメリットをもたらす。

① 組織内での自分の仕事の位置づけ。
② 参加しているという意識の向上。
③ ①と②による貢献意欲の向上。
④ 個人レベル、組織レベルで、自分の周囲の人びととの有機的連携の促進。
⑤ その他。

これまでは経営活力の源泉を、以上の競争性、情報共有、雇用の安定に求めてきた。しかし、情報共有が促進される一方、競争性の激化や雇用の不安定化が今日の大きな課題となりつつある。

2● 企業の活性化と経営力

成功を収めている企業は、組織に内在する潜在エネルギーを引き出し、顕在化し、それを目標達成に向けて一点集中させる。あるいは、現代のようなネットワークの時代では、合併、買収、提携などによって、外部のエネルギーを有効に活用することもある。そのエネルギーは、創造の基盤をなすとともに、イノベーションを促進させる源である。「企業は、そのパーソナリティの構成要素、つまり価値観、組織、人、システム、ネットワーク、技能（skill）、技術（technology）、機械、素材、資金などが秘めているエネルギーや潜在能力を解放し、活用することによって、自らの成長能力を高めようとする」。

本項では、人的資源（human resource）に重点を置いた、主としてトップの経営力を中核とした活性化、およびその結果としての存続・成長能力である経営力について議論することにしたい。いわゆる経営力とその向上にポイントを置くことにしたい。

(1) 企業のパーソナリティ

「創造性、業績の達成、持続的成功は高水準のエネルギーの産物である。成功を収めている個人や企業は、意思の力と自己規律により何らかの形でそのようなエネルギーを解放し、動員し、活用し、コントロールして生産的な仕事にふり向けることができる。」そのふり向ける過程には、次の三つのエネルギーが含まれる。[*5]

① 「肉体のエネルギー」。
② 私たちを刺激し、動機づけ、何ごとかに熱中させる「心理的エネルギー」。
③ 私たちの思考を活気づけ鼓舞する「知的エネルギー」。

最後の知的エネルギーは、新しいものを創造するエネルギーであることから、その導入によって企業の潜在成長力を増大させる中核となる。

以下において、企業パーソナリティの項目ごとに議論を進めていきたい。

(a) 精神センター

「エネルギーと方向づけは、パーソナリティの主たる属性である。エネルギーは意思力と努力から生ずる。基本的方向づけは、まず理念から生ずる。理念は人を鼓舞する。理念にはエネルギーを解放して創造的な方向に向けるパワーがある。」

企業パーソナリティの核心である「精神センター」を構成する要因には、経営者の信念、信条や価値観、経営理念、将来ヴィジョン、イノベーショナル経営が含まれる。

通常、「経営理念」は社是や社訓、社歌、社旗などによって具体的に提示される。また経営戦略の策定や戦略的経営、つまりイノベーショナル経営の方向を規定する要因となる。つまり経営理念は、企業全体の

「価値」を方向づけ規制するものである。何に価値を見い出すかは各企業で異なる。

ここでいう企業全体の価値は、次の三つの分野からなる。[*6]

① 組織的価値（organizational value）…規律、自由、創造性、熱意、基準、システムやネットワーク、調整、統合と分散、フラットなコミュニケーション、協調（チームワーク）など。

② 心理的価値（psychological value）…個人の尊重、独創性、調和（家庭的感情）、決断力、誠実さ、信頼・忠誠、献身、個人の成長、顧客や株主の満足、社会への奉仕など。

③ 物理的価値（physical value）…清潔、整頓、時間厳守、規律正しさ、資金の活用、機械設備の効率化、良質な製品・サーヴィス・仕事、時間の有効活用、スペースの最適利用、安全性など。

この「精神センター」は、次の二つの機能からなるという。[*7]

① 当該組織の基本的な性格と志向の確立…企業全体の価値の実現を目指し、経営者の信念・信条と価値観、経営理念、将来ヴィジョン、イノベーショナル経営、組織構造（階層序列や権限の在り方）、基準と規制、システムやネットワーク、技能などで構成、人間の自律神経系に相当。

② 特定の意思にもとづく行動決定…計画の実現を目指し、目標、計画、実施プログラムなどで構成、人間の随意神経系に相当。

(b) 企業の性格

企業の性格とは、企業のすべての資源を結集し、動員し、方向づけて精神センターの価値観、経営理念、将来ヴィジョン、イノベーショナル経営を達成する機能をもち、理念と行動と連結環をなす。企業性格は、階層序列を確立し、権限を行使して、仕事を遂行する。[*8]

(c) システム

システムは、経営システム、人事システム、マーケティング・システム、研究開発システム、管理システム、財務システム、生産システム、コミュニケーション・システムからなる。

(d) 技能

技能は、それを通じて、企業がそのパーソナリティを実現する"tool"である。それは肉体的技能、技術的技能、組織的技能、社会的技能(対人関係技能)、管理技能、心理的技能からなる。

ここでいう「組織」とは、人、アイディア、時間、エネルギー、金、物など多くの個別資源からなる。同時に、規律性、定時制、技術的"know - how"、社会的バランス、コミュニケーション能力、組織化能力を内包する。また「管理技能」とは、組織の目的達成のために組織の各資源のすべてを結合し、調整し、統合して活用する能力である。[*9]

(e) 企業体

企業体は、機械設備、施設、製品、金、物、技術などからなる。

このうち技術は、将来の新製品や新市場を創出する源泉であり、その源泉を創出するのが研究・開発部門および研究・開発スタッフである。技術は企業存続・成長の中核的な要素である。研究・開発部門は経営管理部門と同様に最大の自由裁量権が与えられるべきである。逆説的に言えば、研究・開発部門は経営管理部門と同様に、企業や社会に対して、それだけ責任を負っているということである。同時に、経営管理部門には、研究・開発部門に対して、積極的支援や支持が要求される。かくて、各企業は独自の独創的な技術研究開発によって、新製品や新生産システムなどの開発によって、国内市場から、さらにグローバル市場へと、その無限の可能性を求めて乗り出すのである。

もっとも明確な成功の指標である収益性、およびその限界(成功の限界)は、企業のパーソナリティの

図8-1　企業パーソナリティとその構成

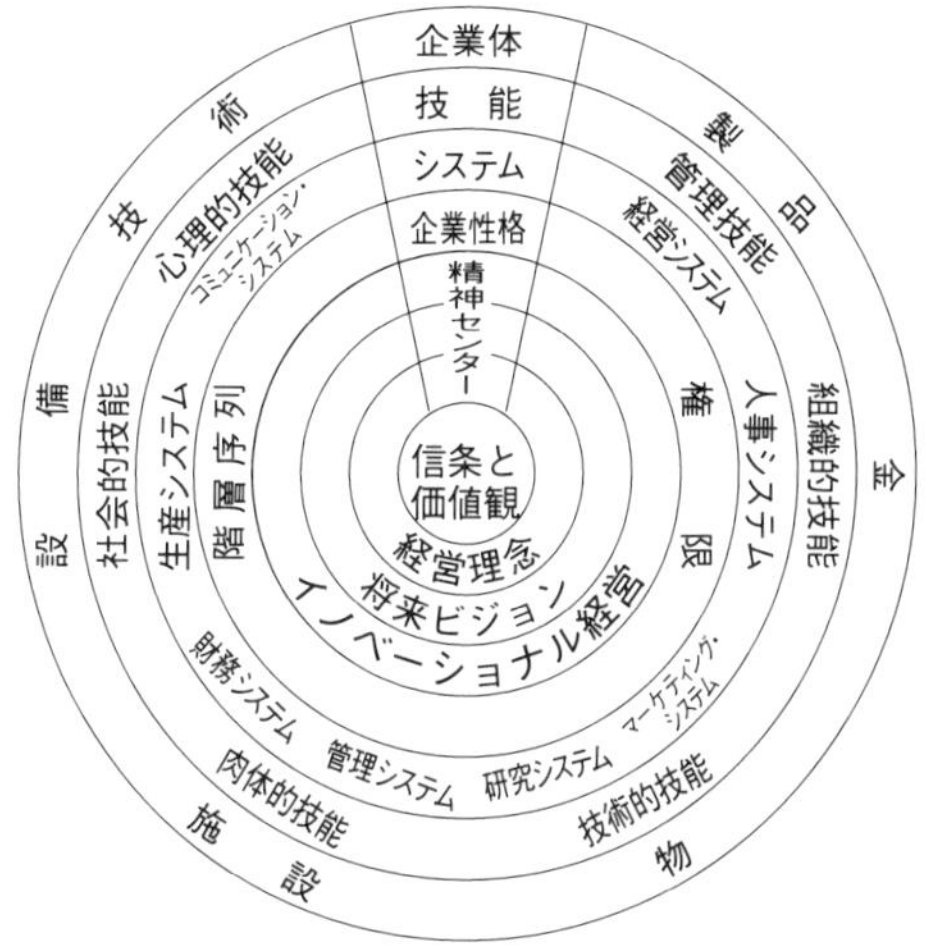

出所：Frederick G. Harmon and Carry Jacob, *The Vital Difference*, Amacom Book Division, 1985（フレデリック・G・ハーモンおよびキャリー・ジェイコブズ著，風間禎三郎訳『「活力」の経営学－成功する企業はここが違う－』TBSブリタニカ，1986年，107，130，176，200ページを参考に作成）。精神センターについては修正。

力と経営力によって決定される。企業パーソナリティの発達には、潜在エネルギーの開放と、そのエネルギーの生産力への転換という、二つの活動が含まれる。

　このような「企業のエネルギーは、企業によって、顧客への製品とサーヴィス、従業員への福利厚生、株主への利益配当、国家経済や社会への奉仕などに変換される」という。[*10]

　以上の企業パーソナリティを構成する(a)精神センター、(b)企業の性格、(c)システム、(d)技能、(e)企業体に関する議論をまとめたのが図8-1である。

(2)　企業の経営力

　先の企業パーソナリティの中核を占める精神センターに位置するのが、トップ・リーダーである。トップ・リーダーは、信念・信条と価値観にもとづいた経営理念に拘束されつつ、経営理念を現実のものとする役割を担っている。つまり、トップ・リーダーの主たる役割は当該企業の将来ヴィジョンを描くこと、将来ヴィジョンを現実のものにするための経営戦略と戦略的経営を内包するイノベーショナル経営を実行することである。

企業の存続と成長を支え、新時代の企業を創造する「経営力」のうち、中核を占め、将来的・戦略的にもっとも重要な地位を占めるのがトップの経営力である。トップには、潜在的エネルギー、とりわけ知的エネルギーを顕在化し、企業の将来ヴィジョンを構想し、その将来ヴィジョンを現実のものにするために経営資源（3M＋TICT《テイクト》、つまりヒト・モノ・カネ＋技術・情報・文化・時間）を最適配分し、ブレーク・スルー（現状打破）的な研究・開発を支援し、技術力を向上させ、新製品、新生産システム、新規事業や新市場を開拓し、多角化戦略や組織構造改革などを遂行する能力が期待される。さらに戦略的経営である、ネットワーキング、創造力開発、経営力開発、グローカライゼーション戦略を実行する能力が要求される。換言すれば、トップ・リーダーには、創造力、柔軟な思考力、経営構想力、企画力、決断力、実行力などが求められる。

このような精神センターとしてのトップ、その経営力は、研究・開発力、弾力的組織革新能力、情報ネットワーク能力、国際的経営力、組織的協働能力、市場開発能力、機能的能力（生産・マーケティング・人事・財務能力）など部分的経営力に影響を与えると同時に、トップのイノベーショナル経営を支える。つまりトップが経営戦略や戦略的経営を策定し、さらに遂行する際のエネルギーとなるのが、これらの部分的経営能力である。これらの各部分的経営能力、さらに、これらの各部分的経営能力の下位能力などの関係を表わしたのが**図8-2**である。

現在、事業の多角化・細分化・切り捨てやグローバル化に伴った“restructuring”、新規事業の展開やスリ

図8-2　企業の経営力と相互連関

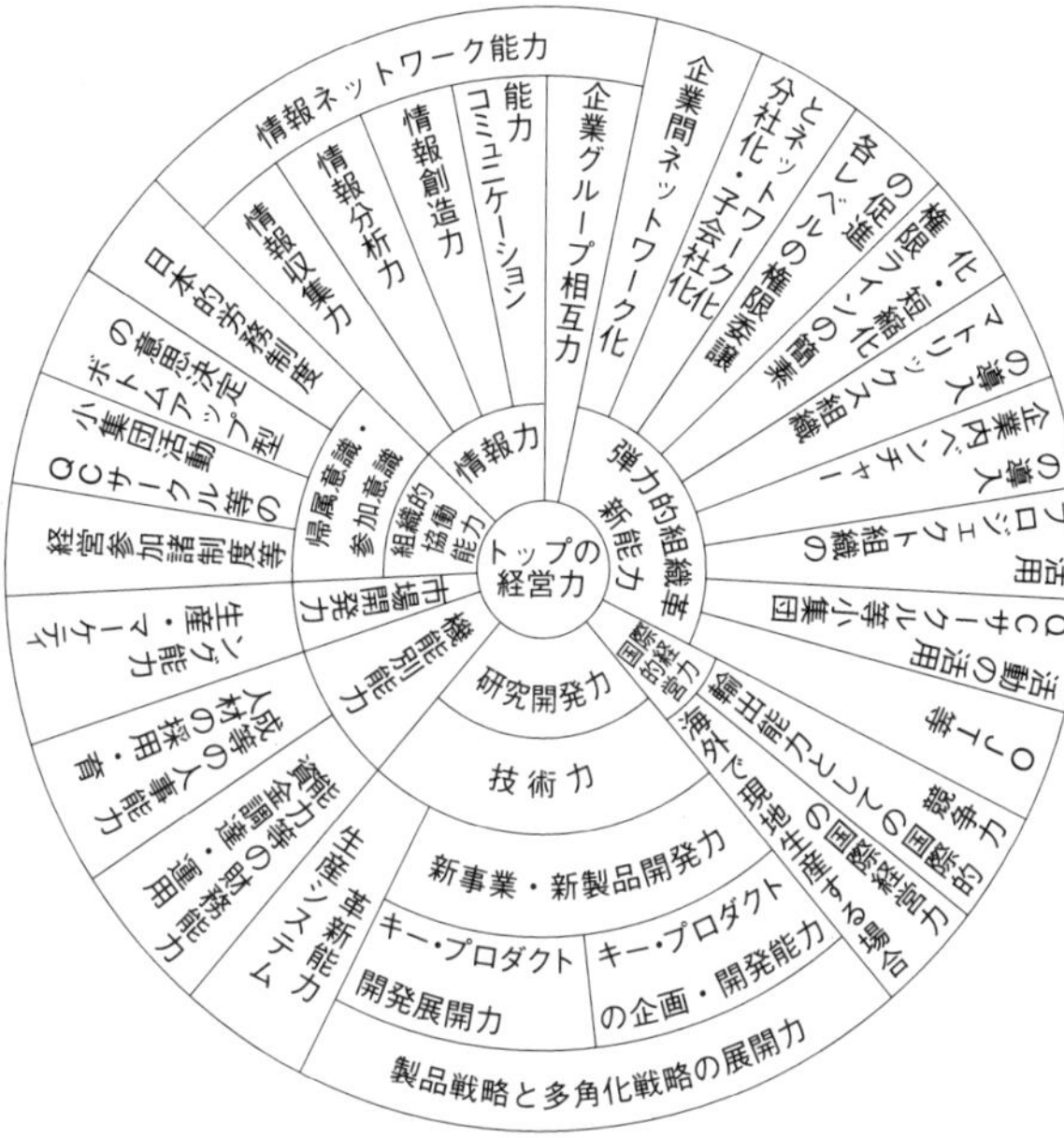

ム化との関連での分社化・子会社化・ネットワーク化、プロジェクト組織の導入などによって、組織の弾力化をはかり、環境適応能力やイノベーショナル能力を高めようという動きが活発化している。

このような新規事業の展開、分社化による子会社化・スリム化などの実施にあたって、企業内ベンチャーや企業外ベンチャーの活用がみられる。逆に、ベンチャー・ビジネスは、合併とりわけ買収の対象とされる場合もある。「ベンチャー・ビジネス（VB）」とは、元来、未上場の中堅・中小企業で、上場会社から独立しており、会社設立後一〇年以内の若い企業である。さらに、新しい技術（高度技術、独自的・独創的技術）や経営ノウハウを武器として、新規に市場を開拓している企業といった革新性の基準もクリアーしなければならない。VBの多くは、電子応用装置、計測機器、光学機械器具、電気計測器、通信・電子装置の部品および付属品、運搬機械および産業用ロボットなど、マイクロエレクトロニクス技術に関連した分野やバイオテクノロジー（生命工学）、新素材さらにエコビジネスの分野など新技術の分野に設立されている。技術の進歩は、ベンチャー・ビジネスを設立するチャンスであることがうかがえる。

この技術進歩は、社会進化の要因であることからも、中堅・中小企業育成のための経済的支援システムの確立と同時に支援システム体制の強化が望まれる。

3●企業経営の諸要因と経営力開発

企業経営の諸要因としては、次のような項目が考えられる。[*11]

(a) トップ・マネジメント要因…将来のヴィジョン、経営戦略、戦略的経営、経営目標、海外戦略、環境変化の認識、合併・買収・提携、分社化など。

(b) 組織要因…モラール（現場従業員）、平均勤続年数、モラール（本社従業員）、賃金水準など。

(c) 技術開発要因…売上高研究費比率、基礎研究水準、研究者比率、基礎研究者比率、技術の独創性など。

(d) 製品戦略要因…新設備比率、新製品比率、マーケティング・チャネル（国外）、製品品質、“mecha-tronics”機器設備比率、衰退製品比率、主要製品シェア。

(e) 財務要因…長期資金の調達源泉、重視する財務指標（資本利益率、自己資本率など）など。

本節では、以上のような企業経営の諸要因にもとづいて、企業経営の活性化と経営革新の具体的内容について展開したい。

(1) 企業経営の活性化の手法

「経営活力」を高め、存続と成長能力としての「経営力」を向上させることは、企業が将来にわたって生命を維持するための基本である。組織体にとって、「経営活力」の存在は欠かせない。なぜなら組織生命体はイノベーションによってのみ生き続けることができるのであり、そのイノベーションの源泉が「経営活力」であるからである。そのような「経営活力」を高めるのが、企業およびその組織の「活性化」なのである。

この活性化の手法としては、以下のようにさまざまな項目があげられる。

① トップ・マネジメント要因…トップの権限の下位への委譲、トップの若返り・流動化、稟議制度[*12](referral and clearance system)など。

② 組織要因…事業部制の導入・再編成、分社化や子会社の設立、企業内ベンチャー、プロジェクト・チーム、組織開発(OD)[*13]、マトリックス組織[*14]などの採用、組織風土の改革など。

③ 情報要因…情報共有の促進など。

④ 日本的労務制度とその改革要因…企業内組合・企業内福祉、終身雇用制、年功序列制(賃金・昇進)、能力主義・成果主義の導入。

⑤ 現場の職務要因…OJT(on - the - job - training)、小集団活動としてのQC(quality control)サークルおよびTQC(total quality control)、職務拡大・職務充実など。

(2) 企業イノベーションの実践

以上が企業における活性化の手法である。この活性化により、企業における経営活力が高まり、一つのエネルギーとなって経営イノベーション能力が高まる。そこで企業イノベーションの内容を具体的に議論したい。*15

(a) 既存事業の活性化

① 既存事業の活性化のタイプ…効率化によるコスト・ダウン、システム化・ソフト化・高級化による高付加価値商品の開発、ニッチ（すきま）をねらった商品の開発など。

② 既存事業の活性化を推し進める方法…研究・開発の強化、研究・開発部門と消費者に近い部門（営業、マーケティング等）との連携の強化、マーケティング（営業）の強化など。

(b) 事業構造の変革

① 事業構造の変革のタイプ…新規事業の進出による多角化、既存事業間でのウエイトのシフト、衰退事業からの撤退、新規事業への進出など。

② 「新規事業分野」…エレクトロニクス関連、情報・通信関連、バイオテクノロジー関連、ナノテクノロジー関連、新素材関連、流通業、レジャー産業、福祉産業など。

③ 「新規事業分野」への進出を推し進める方法…新しい事業部の設立、独立の新事業開発組織（開発室等）の設置、子会社の設立（およびグループ企業の活用）、既存の事業部による対応、社内プロジェクト・チームや社内ベンチャーの設置など。

(c) 組織革新

① 最も重要な組織革新のタイプ…組織風土の改革、人事制度の改革、組織機構・経営システムの改革

など。

② 「組織風土」の改革方法…トップの指導、ＣＩ（corporate identity）運動やＴＱＣ運動による理念や考え方の普及、経営方針・経営計画の確立など。

③ 「組織風土」の関連要因…当該企業の歴史・伝統、トップの意向、組織構造、人事制度、日本的労務制度、経営参加制度、労使関係など。

④ 「人事制度」の改革方法…業績重視の昇進・処遇方式の導入、多面的評価方式の導入、ローテーションの活発化、トップ・マネジメント層の若返り・流動化・抜擢人事の導入、専門職制度の再構築、中途採用の計画的導入など。

⑤ 「組織機構・経営システム」の改革方法…機能別（購買、生産、マーケティング、財務、労務など）組織の再構築、事業部の再編成、事業本部制の導入、全社的事業部制への移行、事業部制機能別組織との複合組織の採用、分社制の意識的導入、事業部横断的マトリックス組織の採用、社内ベンチャーの積極的採用など。

⑥ 組織プロセス改革による「組織機構・経営システム」の改革方法…事業部・事業本部の利益責任の強化、意思決定ラインの短縮、本社部門のスリム化、トップ権限のミドル以下への委譲、情報共有の促進。

(d) グローバリゼーション

① グローバリゼーションのタイプ…国際的水平的分業体制の構築、国際的多角的分業体制の構築、国際的垂直的分業体制の構築、研究開発の国際的分業体制の構築など。

② グローバリゼーションを推し進める方法…現地法人の単独設立、海外企業とのジョイント・ベンチャーの設立、国内企業とのジョイント・ベンチャー（合弁事業）の設立、海外企業の買収など。

4●企業成長と経営者能力

トップ・マネジメント論は、まず、大きく「経営者職能論」と「経営者機能論」とに分類される。前者の「経営者職能論」は、次のような学派（school）に分けられる。

① 経営組織管理論者であるC. I. Barnardによれば、経営管理職能は、「目的と目標の定式化・具体化」、「コミュニケーション・システムの形成と維持」、「必要な活動と貢献意欲の確保」である。

② マネジメント・プロセス論者であるHarold Koonts & Cyril O'Donnellによれば、経営管理職能は、全体および部分目標のための方針、個別計画、手続きの選択といった「計画化」、目標達成のための「組織化」、職務への人の配置という「人事化」、部下の「指揮」、成果を計画に適合するように強制する「統制」からなる。これらは、マネジメント・サイクルとして知られている。

後者の「経営者機能論」によれば、経営管理者の機能は「意思決定」（decision making）に集約される。このうちトップ・リーダーである経営者の機能は、経営戦略や戦略的経営といった職能を実施に移すための「戦略的意思決定」である。

上述の「経営者職能論」と「経営者機能論」に共通する第三のトップ・マネジメント論としては「経営者資質論」があげられる。C. I. Barnardは全般的なリーダーの動態的・活動的な資質として、次の五つのポイントをあげている。[*16]

① ヴァイタリティと忍耐力（vitality and endurance）
② 決断力（decisiveness）
③ 説得力（persuasiveness）

図8-3　経営者要因と経営成果

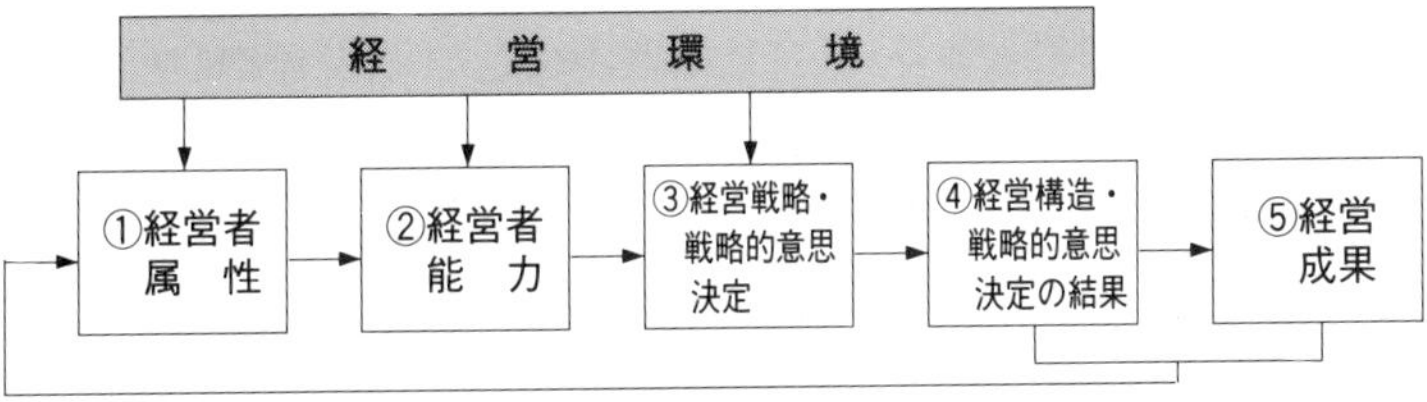

出所：清水龍瑩著『経営者能力論』千倉書房，1983年，5～6ページを参考に作成したもの。

④　責任感（responsibility）

⑤　知的能力（intellectual capacity）

この「知的能力」とは、知識にもとづいた創造的能力であり、未来のリーダーにとっては、基本的かつもっとも主要な能力である。

第四のトップ・マネジメント論としては、経営者機能論の流れをくむ「経営者能力論」があげられる。

この「経営者能力論」の基本的視点として、清水龍瑩は次のように述べている。[*17]「企業経営の目的は長期に維持発展することである。資本主義社会の中で企業が長期に維持発展していくためには、利潤を獲得し蓄積していかなければならない。この企業の利潤の源泉は企業内の人びとの創造性の発揮にある。経営者の創造性は戦略的意思決定に発揮され、技術者・研究者の創造性は新製品・新技術の開発に発揮され、中間管理者の創造性はどうしたら部下にやる気をおこさせられるのかという工夫に発揮され、一般従業員の創造性は作業手順の改善・工夫などに発揮される。これらの創造性の発揮の総合が利潤となる。…現代の企業経営は製品戦略を軸として行われる。…その製品戦略を支えるのは、財務、組織、経営関係などの経営要因である。製品戦略の中でも企業成長の原動力となるものは新製品開発である。新製品開発は人びとの能力をうながし、逆にまた能力開発は新製品開発をうながし、この…プロセスで人びとの創造性が発揮されるからである。この新製品開発を意思決定し、これを企業成長

表8-1　経営者能力と経営者の機能

経営者の機能	経営者能力	
①将来構想の構築	野心・洞察力・直観力など	健康・情報収集能力
②戦略的意思決定	対応力・決断力・他の役員にカシを作るクセ，説得力など	
③執行管理	包容力，人間尊重の態度，計数感覚など	

出所：清水龍瑩著『経営者能力論』千倉書房，1983年，6ページを参考に作成したもの。

の原動力とするのは経営者である」。

企業経営を長期的にその利潤という視点からみた場合、経営者の創造性が最も貢献している。この経営者要因と経営成果の関係を表したのが、**図8-3**である。

①　経営者属性…年齢、専門分野、出身階層、創業者・二代目・生え抜き・天下りなど、社長の出身地位、在職期間など。[*18]

②　経営者能力と経営者の機能…この関係を表わしたのが、**表8-1**である。

③　経営戦略・戦略的意思決定…わが国の経営者独特の戦略的意思決定は次の三つの段階を経てなされる。つまりⓐカシ・カリの論理の遂行…社長がまわりの役員に普段からカシをつくっておき、役員が絶えずカリを感じているような雰囲気をつくっておくこと、ⓑ根回し…朝食会、昼食会や個別に、社長自らの考え方を役員に話しておくこと、ⓒ公式な機関での意思決定…事前に提示しておいた案件を一気に可決すること、の三つの段階である。[*19]

戦略的意思決定は、事前に社長自らが決定したものを公式な機関に案件として提出する。そのような戦略的意思決定としての案件は、次のような項目について社長自らが考え抜いた結果である。つまりⓐ経営者の環境認識、自社の強みや弱みの認識を考慮し、それと同時に経営理念との整合性や経営者が信念をもっている企業経営の目的を考える、ⓑ社長と役員の力関係を考慮した意思決定のパターン、役員の業務担当などを考慮しつつ、通常の経営を行っていく場合の、経営目標、さらに具体的な長期計画を考えるのでである。[20]

④ 経営構造…これは経営者の意思決定の結果できあがったものであり、新製品比率、新鋭設備比率、品質管理施策などで構成される。

本章では、トップ・マネジメント論の展開という視点から、ダイナミズム、経営活力、経営力、経営者能力について議論してきた。今日ほど、社会を含め、企業トップ・リーダーの在り様が注視され、トップ・リーダーへの期待が高まった時代は第二次世界大戦後を通じてなかった。先の見えない混沌とした状況を抜け出すには、トップ・リーダーの施策が大きく左右する。

注*

1 山本安次郎稿「§1 経営活力の意義と経営学における問題性」森本三男編著『日本企業の経営活力』中央経済社、一九八四年、五頁。

2 同上、八頁。

3 通商産業省産業政策局企業行動課編『企業活力』東洋経済新報社、一九八四年、六頁。

4 同上、一六頁。

5 Frederick G. Harmon and Carry Jacobs, *The Vital Difference*, Amacom Book Division, 1985.（フレデリック・G・ハーモンおよびキャリー・ジェイコブズ著、風間禎三郎訳『「活力」の経営学―成功する企業はここが違う―』TBSブリタニカ、一九八六年）、四四頁。

6 同上、一〇五～一〇六頁。一部加筆・修正。物理的価値のうち、時間の有効活用とは、例えば、設備の自動化やオフィスのOA化などといった効率性追求の原理にもとづいた考え方である。スペースの最適利用は、機械設備の凝縮度を高めたり、機械設備の廃棄、生産ラインの簡素化などがその例としてあげられる。

7 同上、一〇八～一〇九頁。

8 同上、一二八～一三〇頁。

9 同上、一九一頁。

10 同上、三一六頁。

11 通商産業省産業政策局企業行動課編、前掲書、一三五頁を参考にして作成。一部加筆・修正。"mechatronics"とは"mechanical"と"electronics"の合成語である。メカトロニクス製品とはマイクロコンピュータを組み込んだ製品であり、電子ミシン、NC工作機械、産業用ロボットなどがある。

12 稟議制度とは、一つの案件を決定するにあたり、稟議書という一定の様式に従った文書を作成し、それを関係部署に回覧し、同意を求め、最後に上位機関の最終決定をうるというシステム。下位から承認印を押していくということから承認が形式的で官僚的だという批判もある。反面、コンセンサス・システムとして情報や価値の共有がなされるとして評価する考え方もある。

13 ODについては、第3章　注16を参照のこと。

14 マトリックス組織とは、電子機器、ファイン・ケミカル（精製化学製品で医薬品や香料など）、航空宇宙産業など研究開発型企業の、とくに複数の科学技術分野にまたがる新製品開発部門でしばしば採用される組織構造。専門化の効果を生かした機能別部門組織と自己充足的管理単位の効果を生かしたプロジェクト別組織編成とをマトリックス状に併存させたもの（柴川林也編『経営用語辞典』第三版、一九九二年、七六頁参照）。

15 経営革新実態調査委員会稿「わが国主要二〇八社にみる経営革新の実態と成功する方法」『Business Research』Vol. 801, 1991. 3　社団法人企業研究会、一七～三六頁を参照。一部加筆・修正。

16 C. I. Barnard, *Organization and Management*, Harvard University Press, 1948, p. 93.

17 清水龍瑩著『経営者能力論』千倉書房、一九八三年、一頁。

18 同上、七頁。

19 同上、六頁。

20 同上、七頁。一部加筆・修正。

第9章 現代企業経営のグローカライゼーション戦略

今や世界は、一方で、資本主義対共産主義といった思想対立、つまり東西対立や、経済格差にもとづく南北対立の時代から、民族・宗教（文化）を核とした対立の時代へ、他方で、対立から協調・共生の時代へと変化しつつある。世界秩序の再構築が求められているゆえんである。

今日の世界は、一方で、グループ化やネットワーク化の時代へ、他方で、個別で地域性のある文化重視の時代へと移りつつある。このような流れの中で、貧困の問題が置き去りにされ、それが民族対立や宗教対立を生み、激化させていることを忘れてはならない。この点に関連して、経済的支援というレベルでは、日本政府や日本企業の果たすべき役割は大きい。経済的生活水準の向上は、社会的安定をもたらすからである。同時に、NGO（非政府系組織）やNPO（非営利組織・団体）による社会的生活支援も欠かせない。

このように、グローバル・レベルでの分析や問題解決にはグローバルな視点とローカルな視点の双方が必要なのである。つまり、一方で、グローバル・レベルの問題へのアプローチが必要な反面、他方で、地域・国レベルの問題へのアプローチが要請されている。

グローバル・レベルでの解決が求められている問題とは、人類の生命に関わる自然・生活環境、食糧、疾病などに関わる項目である。これらは人類共通の課題である。環境問題についてはグローバル・スタンダード化（ＩＳＯ１４０００）が推進されるべき課題である。地域・国レベルの問題とは、民族とりわけ少数民族や宗教を含む文化・価値観の諸問題であり、グローバル・スタンダード化が困難であり、すべきでない領域である。

したがって西洋合理主義の尺度からみて、非合理的であると判断されることでも、他の尺度からみて合理的であると判断されることもある。合理的側面といっても、本来は、国、地域、民族、宗教、価値観、文化などによって異なることから、一つの尺度で、合理性と非合理性を単純に分類することは、あまりにも危険すぎる。そこで、グローバル・スタンダードが、一つの尺度からみて、合理性と客観性をもつからといって、単純に相手に押しつけるのは、権力主義者や大国主義者のエゴイスティックな行為といわざるをえない。

このような視点から、本章では“globalism”と“localism”，“globalization”と“localization”を二分法的にとらえ、そのバランス型戦略として、グローカライゼーション戦略を中心に展開したい。いわば、本章では、現代日本企業のローカル性とグローバル化、日本的経営と日本型企業経営、日本的生産システムと現地化などの諸課題について議論を展開したい。

本章では日本企業のグローバル化という視点で議論するが、第10章ではアジア・ローカライゼーション、とりわけアジアにおける日本企業の経営戦略と共生の問題を中心に議論するつもりである。

1●現代日本企業のグローバル化への圧力と国際分業体制

日本経済は、一九七〇年前後の日米繊維戦争に始まり、一九七〇年代の鉄鋼、造船、自動車、カラーテレビ等々、さまざまな製品群が貿易摩擦の対象品目となってきた。そして、一九八〇年代の日米欧三極（日米欧トライアングル）の「水平的貿易摩擦」の激化、さらに一九九〇年代の日米、米欧の激しいつば競り合いと続いていた。その背景には日本企業の製品の品質向上、コスト低減への努力（生産性の向上）、新製品企画力・研究開発力などを要因とした製品の輸出競争力ともいえる、いわゆる「国際競争力」の相対的強さがあった。このように輸出競争力が強くなり、日本製品が世界中いたるところでみられるようになれば、当然のことながら、国家間レベルで政治問題化してくる。ひいては、それが自由貿易を規制する力となって「管理貿易・保護主義台頭」への流れをますます激しいものとしてきた。

このような流れを止めるために、輸入を増やす努力と同時に、欧米での海外直接投資による現地法人の設立・現地生産に踏み切った。さらに欧米企業との提携・連帯関係を強めていった。これは多くの場合、資本出資の形がとられた。現地では、日本企業の欧米での現地生産が一巡する中、日本経済の既存の産業構造を支える日本企業も業績低迷が続いている。日米欧トライアングル全体が地盤沈下する中、国内外の日本企業の「国際経営力」の真価が問われている。このような状況では、国家間、系列を越えた、合併、買収、提携、グループ化、ネットワーク化といった企業の再編成を進める必要がある。単なる一つの企業での強みと弱みといった議論を脱し、グループやネットワークとしての強みや弱みといった議論を展開する必要がある。

他方、アジア諸国との関連では、いわゆる日本製品の「国際競争力」を高めるための低コスト化をターゲットとし、アジア諸国に現地法人を設立し、技術水準の低いものから順に海外生産へシフトさせてきた。「垂直貿易摩擦」の解決に向けての動きとしては、①技術協力や技術移転などの推進によって、進出先の国の企業や産業の育成に貢献すること、②進出地から日本や第三国への輸出拡大によってその国の外貨準備高を増やすこと、③現地の人びとの雇用拡大によって進出地の国の人びとの生活水準の向上に貢献することなどが期待されてきた。

このようなアジアの国々の中でも、経済発展する中で、政治的・社会的なレベルだけでなく、経済的なレベルでも充分対等に協力し合える力を貯えるようになってきた国々が現われた。公害対策や環境問題にも関心をもつようになってきたことがその一つの証左である。このようなアジアの国々と企業活動レベルでのグループ化やネットワーク化をはかることは、今後の日本企業や日本経済の進むべき方向を示唆しているといえるだろう。

以上のような水平的・垂直的貿易摩擦、経済摩擦解消策としての外なるグローバル化と同時に、国内市場の開放、外国人労働者の積極的受け入れと教育・訓練などの内なるグローバル化は必然である。外なるグローバル化と内なるグローバル化は相互不可分の関係にある。さらに、今日のわが国は、グループ化やネットワーク化を通じた相互扶助による相互利益を目指す「共生」を具体化する時機に来ている。グローバル化の時代においては、一人、一企業、一国で事を成すことは不可能であることから、ますますグループ化やネットワーク化を志向しなければならない。国際社会における独り勝ちや相手に対する強制は軋轢《あつれき》を生み、国際社会を不安定にするだけである。

以下において、日本企業の海外進出動機や二一世紀に期待される国際企業の経営について議論することにしよう。

(1) 日本企業の海外進出動機

日本企業の海外進出動機について、①アメリカやEU諸国の場合と②アジア諸国の場合とに分けて考えてみよう。

(a) アメリカやEU諸国への進出動機[*1]

わが国企業のアメリカやEU諸国への進出動機は、「現地市場への販路拡大」「輸出入規制への対応」「情報収集」「輸出入規制の可能性」「為替リスクの回避」「現地の良いパートナーを求めて」「企業イメージの向上」「共同研究・開発」などがあげられる。

(b) アジア諸国への進出動機

① アジアNIES（アジア新興工業経済地域…韓国、台湾、香港、シンガポール）…わが国企業の進出動機は、「低廉な労働コスト」「現地市場への販路拡大」「第三国市場への製品の供給」「現地の良いパートナー」「日本国内への製品供給」などである。[*2] 第三国市場への製品の供給や現地の良いパートナーを求めてという進出動機は、NIESの技術水準や生産性が確実に上昇していることを意味している。今後、NIESとのパートナーとしての関係は深まることになるだろう。

② ASEAN（東南アジア諸国連合…タイ、マレーシア、シンガポール、フィリピン、インドネシア、ブルネイ、ベトナム）…わが国企業の進出動機としては、「低廉な労働コスト」「現地市場の販路拡大」「現地の良いパートナー」「日本国内への製品供給」などである。

(c) アジア諸国への進出企業への期待と規制

① アジアNIESやASEAN諸国への進出企業には、人材育成、産業育成、生活水準の向上への期待が高い。

② ＡＳＥＡＮ諸国は、いずれも自国経済や産業基盤強化確立のために、外国からの投資を歓迎している。しかし自国産業の健全な育成をはかりつつも、外国からの経済支配を回避するために、海外からの投資には一定の制限を設けている。

つまり、自国の技術・経済資源の移転をはかるため、外資の進出にあたっては、現地企業との合弁企業の設立を希望している。しかし、現地で生産した製品を輸出する比率（生産額の八〇％がひとつのメド）が高い場合には、必ずしも現地企業との合弁をする必要はなく、外資一〇〇％の会社を設立することが可能である。[*3]

各国とも技術移転や雇用促進に寄与する製造業分野への投資を重視しており、とりわけ外資獲得への期待から、輸出型の製造業投資を最優先している。しかし、このような輸出型の製造業投資の場合、輸入国の経済事情に左右されやすいという課題もある。モノやカネ、さらに情報などが、グローバル・レベルでいかにスムースに循環するか、ということは、今日のグローバル社会での主要な課題である。このような国家間の経済的関係は、グローバル経済のレベルでは、国家間の枠組みを越えた相互依存関係をますます深めていることを示唆している。

(2) 二一世紀に期待されるグローバル企業の経営

二一世紀に期待されるグローバル企業の経営とは「多極化の進展する世界で、自己の座標軸を定め、内・外企業との補完的分業・協業体制確立の上に、グローバルな経営機会の極大化をはかっていける経営」であるとし、企業経営の多国籍化は、次のような五つの段階を経て進行するという。[*4]

① 第一段階「本社経営中心の経営」…本社からの輸出の延長線上にあって、海外に「営業所」を設置

図9-1　多国籍化の進行度

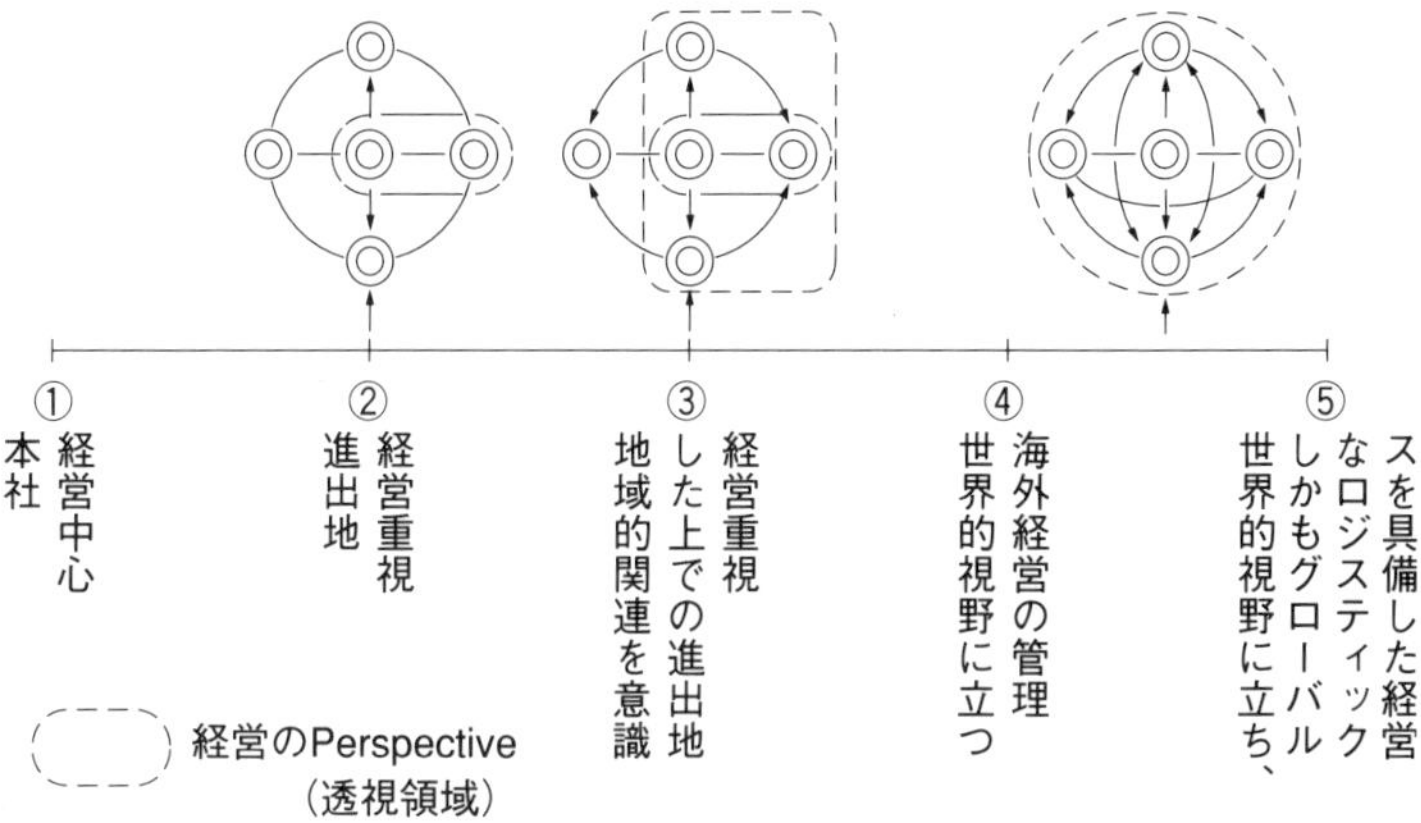

出所：小林規威稿，日本経済新聞，1986年2月15日。

し、海外の市場支配を目指す段階。

② 第二段階「進出地市場重視型の経営」…輸出拡大による貿易摩擦の激化、とりわけ水平的貿易摩擦の激化、貿易不均衡の招来などによって、海外市場ならびに海外事業の本社支配が限界点に到達したことから、輸入代替「現地生産」を志向し始める段階。

③ 第三段階「進出地重視の経営」…現地生産を行う進出地と「第三国市場」との結びつき、さらに両者の地域分業体制の確立に向けた段階。海外事業が本社の支配から脱却し、本社は海外事業とのパートナーとしての関係を確立し、海外事業との分業体制の確立に向けた第一段階。グローバル化への最終準備段階。

④ 第四段階「面と面とを結びつけて管理する経営」…グローバル経営の初期段階。日本の本社も一地域の支配者でしかなく、そのような「各本社支配の限界点に到達した地域」という面と面が結合し、分業体制をますます促進させてい

く段階。

⑤　第五段階「グローバルなロジスティクス（後方支援体制）を具備した経営」

上述の①②③はグローバル化への準備段階にあり、④⑤はグローバル経営の発展段階で、世界的視野に立った経営がなされる。

以上のようなグローバル化への道筋を表わしたのが**図9-1**である。

2●日本的経営と日本型企業経営

ヒト、モノ、カネ、情報、文化が国境を越えて企業や社会に否応《いやおう》なく流れ込んでくる。国内企業や社会も変化が迫られている。このような国際化の流れの中で、これまでの企業や経済の拡大成長を支えてきた日本企業固有の成功要因であった経営管理者層や労働者層の構造に変化をもたらし始めた。

このような「内なる国際化」の流ればかりではない。さらに、これまで議論してきたように、低成長や消費者の価値観などの変化とともに、日本企業の海外進出による国際化の流れの中で、「日本的経営」が再び注目されてきた。

そこで、まず、日本的経営の特徴について概観してみよう。これまで、とりわけ一九六〇～七〇年代までの日本的経営の研究の背景には、強い日本経済、輸出も含めた業績の高い日本企業、それを支えてきたモラールや忠誠心の高い労働者、高い生産性、その結果としての比較的安価で質の高い製品、さらに輸出競争力の強さといった点があった。本項では、これらの日本的経営の背景が今日では様変わりしているという認識の上に立って、日本的経営を見直そうというのである。

(1) 日本の企業経営システムの特徴

わが国の企業経営システムは、企業の潜在的能力を最大限に引き出し、発揮しうるシステムであると言われてきた。このわが国の企業経営システムの特徴は大きく五つの要因に分けられる。

(a) トップ・マネジメント

わが国のトップ・マネジメントの特徴としては、次の三点があげられよう。

① 最高意思決定機関と最高執行機関が取締役会や常務会・経営戦略委員会等において一体となっている。そのことから、業務執行に関わる諸問題が意思決定の段階で明らかにされており、業務執行がスムースに実行されること。

② 取締役会のメンバーのほとんどが、OJTなどによって広い視野や長期思考を身につけた内部から昇進した生え抜きである。そこで、メンバー間の高い共有制や凝集性によって企業経営に関わる専門性が十分に発揮され効率的な経営がなされること。

現在では、企業利益の低下や、開かれた企業・社会の一員という意味での企業の社会制度化が進行する中で、企業内取締役を減らし、社外取締役を増やす傾向がみられる。これは、一方で企業内取締役の減少によって意思決定を効率化させるとともに、他方で外部の意見を企業内に取り込み活用しようという動きの現われである。

③ 日本企業の成長によって株価も上昇してきたため、株主への高い“capital gain”(有価証券譲渡益)が生み出され、同時に、系列取引や株式相互持ち合いによる株価の維持によって、株主総会の形骸化も進行したことから、日本企業の経営者は長期的かつ戦略的意思決定の遂行に専念しえたこと。

図9-2　職務概念と組織の構成

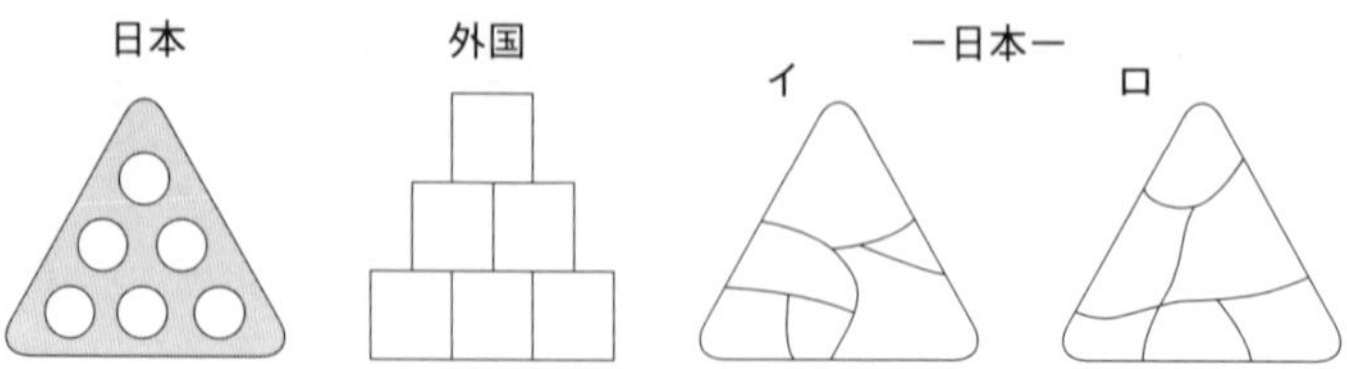

出所：石黒英夫編著『ケースブック　国際経営の人間問題』慶應通信，1984年，20ページ。
（注1）図中の黒い部分は，個人分担のあいまいな相互依存的領域。その領域をもつことによって，組織の環境や人の能力・士気などの変化が生じた場合に柔軟に職務分担の変更が可能。
（注2）図中の白い部分は，個人の分担がはっきりしている個人の占有領域。アメリカでは個人の仕事・権限・責任は職務分析によって職務記述書に明確に規定され，日本のような「あいまいさ」を徹底的に排除。

これに対し、アメリカ企業では、株主の権利意識が強く、短期的利益を要求することから、経営者は短期志向の経営をとらざるをえなかった。

現在、わが国の企業では、コスト削減への一層の圧力が強まる中、系列の取引企業を減らしたり、系列外との取引を増やしたり、さらに外圧ともからんで株式相互持ち合いを解消する動きもみられる（系列崩壊）。系列企業間のこのような株式相互持ち合いの解消は、一層株価を押し下げる要因ともなっている。

また、株価が低迷していることから、企業は誰のものかという、古くて新しい問題が問われる中、個人株主重視の傾向を強めつつある（corporate governance theory）。

(b) 仕事の進め方

仕事の進め方に関しては、次のような二つの特徴が見い出される。[*5]

① 前述の戦略的意思決定を行う際、「Uターン型意思決定」つまり初めにトップが戦略的な

目標の一般的方向を示し、それについて企業内の関連諸部門で相互に多面的に検討しながら上にあがって最終的な意思決定を行うこと。

② 個人の職務内容が必ずしも明示されておらず弾力的に行われること（個人レベルの仕事の柔軟性）。

このような一見曖昧さをもった、わが国企業の職務分担と組織編成とをアメリカのそれらと比較して表わしたのが**図9-2**である。

もし、アメリカの企業のように、職務が細分化され、その専門化された職務が、そのまま他社へも適用できるものとなるなら、労働市場は一気に流動化し、より賃金の高い企業へと移動が始まるだろう。コンピュータのオペレータやプログラマなどの専門職分野では、すでに流動化しており、各企業はコスト低減のために派遣社員を増加させている。新卒採用が減り、中途採用を増やそうという動きも、このような職務内容の縦割りが進行していることを意味する。

職務内容の縦割りとは、職務内容の細分化・専門化、各個人への職務の明示化、つまり職務の「個人化」である。職務の個人化が進行すれば、他の人の職務との互換性や相互扶助もなくなり、ひいては集団的な協力関係も不可能となる。今後は、個人化つまり専門職化すべき職務と集団的職務を維持すべき部分とを分けて考えることが重要である。作業現場レベルや改善・改良が要求される職場では集団的職務を維持すべきである。このような職場では引き続き「効率性」が追求される。「効果性」が追求される営業マン、現場管理者、技術者、研究所員、デザイナーなどは、職務の個人化が進行されるべき分野である。しかし車のデザイン開発などの場合などは、それぞれのアイディアを持ち寄り、ひとつのものを創り上げていくという意味では、新製品開発などと同様に、各プロセスの終盤では個々人の個性を活かしたグルーピングが重要となる。

(c) 人事処遇…採用・異動・昇進システムと給与制度

人事処遇と給与制度については、次のような特徴が見い出される。

① 採用・異動・昇進面での特徴[*6]

ⓐ 長期的に選抜を継続する昇進制度。

ⓑ ジョッブ・ローテーションにより幅広い職務経験が蓄積できることから、広い視野から業務を行う能力、仕事間の相互補完関係の認識力、環境変化への適応能力などが向上すること。

ⓒ 専門知識よりも、意識・理解力・判断力など一般的能力重視の採用。

ⓓ 中間管理職の内部からの登用。

これからは、一方で職務の個人化が進行する中、部署によっては内部での教育期間も短くなり、仕事間の相互補助関係も減少してくるだろう。中間管理者も外部から登用することも、企業活性化の意味からも必要であるかもしれない。

② 給与体系面での特徴[*7]

ⓐ 職務と給与の結びつきが緩やかなこと。

ⓑ 年功制の強い給与体系と退職金制度による従業員の長期的勤務への誘引。

ⓒ ボーナスの比重が大きいことによる、企業の業績変動に対する賃金の弾力性の確保と従業員の企業業績に対する関心の向上。

ⓓ 職階間、労職間の給与格差が少ないことによる従業員間のスムースなコミュニケーション、相互協力の促進。

現在、年功制は、より緩やかなものとなり、業績・成果重視の給与体系に移ってきた。従業員も将来への不安から、退職金への関心よりも、月々の給与のアップにより関心をもつようになってきた。これは、企業のトップ・リーダーたる経営者への不信の現われである。「効果性」を求められる専門職が増える中、長期的勤務や長期的企業業績に対する関心は、ますます減少していくことになろう。

(d) **企業内教育**

雇用が比較的安定していたことから（長期的勤務）、長期的な企業内教育が重視されてきた。これまでの企業内教育の中心は、現場での実地体験を通じた教育訓練であるＯＪＴ（on - the - job - training）で、これによって広い視野、広い視点からの自らの仕事の把握、改善策を探索する能力の向上、職務拡大（作業現場では多能工）や職務充実（労働者の管理的意思決定や作業計画などへの参画）の可能性の拡大などといったメリットを生み出していた。しかし企業業績の悪化やそれに伴う人員削減などにより、企業への不信感が高まるにつれ、労働者の独立性・自律性が高まり、それと共に労働移動率も高まり、それにつれて企業側も企業内教育を軽視し、即戦力となる人材を雇用した方が得策だという考え方が広まってきた。長年培われてきた、労使協調体制は崩壊の危機にあるといえよう。

(e) **労使関係**

労使関係の特徴を労働組合と労使間コミュニケーションとに分けて考えてみよう。

① **労働組合組織**

ⓐ 企業別（企業内）労働組合が支配的であり、経営者との交渉単位は企業内労働組合であること。

ⓑ 事務職員も現場労働者も企業別の同一労働組合のメンバーとして組織されていること。

このような企業別（企業内）労働組合は、これまでの日本的経営の中心的・基礎的制度であり、日本経済社会の基盤をなしている。この制度は海外でも産業別組合や職業別組合とともに併存しうることは実証済みである。

② **労使間コミュニケーション**

ⓐ 労使協議制などを通じた労使対等の活発なコミュニケーション。

ⓑ 組合内部における職種を越えた活発なコミュニケーション。

労使協議制は海外でも採用されており、現地の労働者にも歓迎されている。

(2) 日本的企業経営システムの原点

前述の日本的企業経営システムの原点として、「日本人」の行動原理や精神構造、さらに日本社会について分析・議論しよう。

(a) 日本人の行動原理…日本的経営の支柱

「日本人は〝気〟にする存在として社会化される。気にする対象は…自分の属する場の気である。気にする対象は常に特定の人ないしは人のグループ（＝組織）である」という。日本の組織は〝気〟という液体の「ウズ」のようなものであり、ウズの中心に向かって吸引力（＝求心力）が生じる。このような逆円錐形に近いウズ状の構造をもっている日本的組織が「ウズ社会」である。そして、このウズ社会を取り仕切る組織原理が「日本的経営」である[*8]。

図 9-3　日本的経営の背景

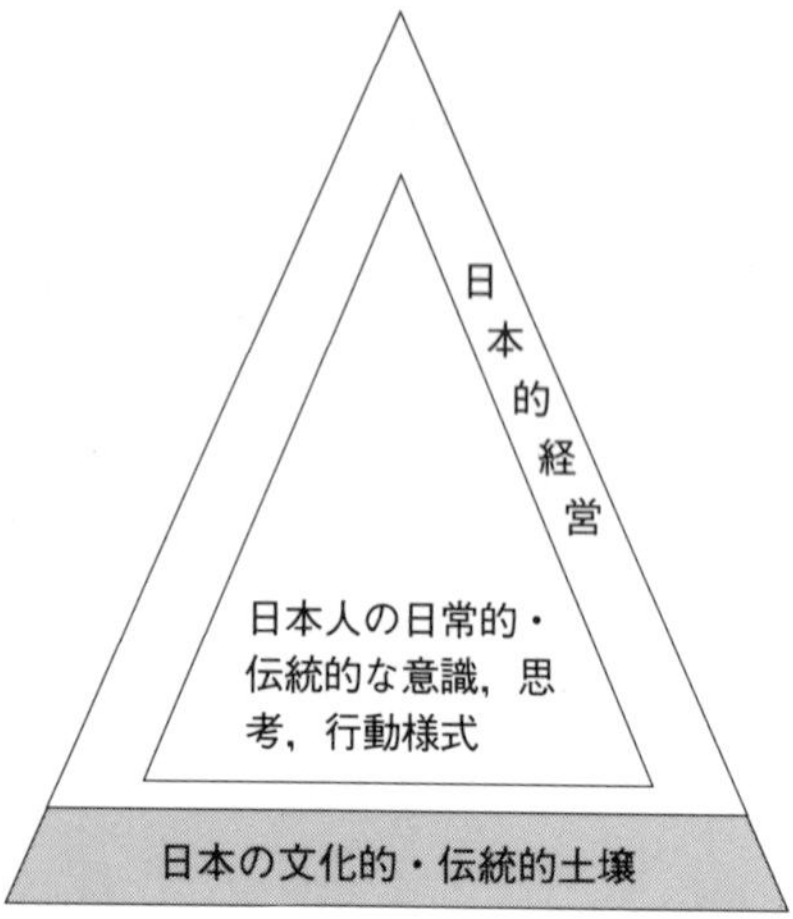

この日本人の行動原理、日本の文化的・伝統的土壌および日本的経営の関連を表わしたのが、**図9-3**である。

(b) 二面性をもつ日本人の精神構造

日本人の精神構造の特徴は、次のような言葉で代表されるという。[*9]

① 発言におけるタテマエとホンネ
② 行動における虚像と実像
③ ウチとソトという差別意識（ウチに対しては仲間意識）

(c) 日本社会の規範と秩序

日本人は「気」にする対象は個人よりも集団、部分よりも全体であった。そして「ウズ社会」という組織に埋没し、「寄らば大樹の陰」的な考え方が浸透し、ひいては安定志向型の人間を創造していった。

① 安定志向型の人間を創造してきた背景としての社会的規範
ⓐ 個人の組織への帰属の重視。
ⓑ 言動についての組織の同意の必要性。
ⓒ 組織に対する貢献の優先。
ⓓ 組織に対する服従を望ましいとする考え方。

② 上述のような社会的規範の中で醸成されてきた社会秩序[*10]
ⓐ 権威主義。
ⓑ 温情主義。
ⓒ タテ社会の人間関係。

社会的規範としての集団・組織優先主義は人の〝和〟を重視するが、その裏には共同責任体制という個人の存在や権限と責任の所在が不明確な制度を採用し、集団や組織では「根回し」をしつつ意思決定が行われる（稟議制度）。

(3) 日本企業の強みの逆機能化

これまで日本企業の強みとされてきたことにも、変化が見られ始めた。そのいくつかを取り上げてみよう。

① 日本企業の成長鈍化によって、利益率の低迷が、株式発行（増資）による資金調達難をもたらすことから、企業目標も、単なるマーケットシェアや新製品の売上拡大、さらなる規模拡大を求めるのではなく、その重点を投下資本利益率や売上高経常利益率といった投資効率にシフトさせることが必要となりつつあること。

② 株式市場の低迷によって、M&A（merger and acquisition）への危険が高まる一方で、株価の低迷によって株主の株式配当への関心が高まり、短期的業績向上への圧力が高まる可能性があること。

③ 日本企業のボーダレス化によって、多数の外国人投資家（株主割合は二〇〇一年六月現在で約二〇%）による日本株式の取得が進む一方で、他方、企業内での外国人労働者や技術者の増加に伴って、外国人投資家・労働者・技術者の意思決定への参加・参画への圧力が高まっていること。

④ 終身雇用という将来への保証がなくなりつつあることから、将来の企業への忠誠心（loyalty）や士気（morale）の低下によって、製品の品質や生産性の低下、さらにコスト高を招来しつつあること。

⑤ 雇用の短期化によって、社内教育そのものが崩壊し、限られた専門的知識をもったもののみを採用

することにより、総合的視野や長期的視点を養成する教育システム（ＯＪＴ）もなくなり、企業組織そのものが先の見えない組織集団化しかねないこと。

⑥　これまで、集団による改善・改良によって生産性や品質の向上、コスト低減を実現し、さらに高品質、低価格化による市場の拡大、さらに輸出競争力を高めてきた。しかし、技術革新の進展や社会の高度化・高質化の進行によって、それまでの集団的でフレキシブルな職務内容が、高度化・専門職化・個人化する中で成果主義・能力主義が一層導入され、効率性よりも効果性が重視されるようになった。そこで、日本的な集団的活動の良さが失われる危険があること。

(4)　日本企業のグローバル化と日本型企業経営

前述のように、日本的経営システムは、国際化・グローバル化ばかりではなく、さまざまな角度からの再考が求められている。つまり日本的経営システムは取捨選択の時代に入ったとみるべきである。国際化・グローバル化の進展との関係でいうならば、日本的経営システムのハイブリッド化が求められているのである。日本でしか通用しないとみられてきた「日本的経営」を国際社会でも通用する「日本型企業経営」に転換することが要求されているのである。この日本型企業経営は日本から発信する日本企業の経営・労務システムであり、国際社会に貢献しうるシステムである。この日本型企業経営はローカルあるいはグローバル・エリアでスタンダードとして認識される可能性が大きい。このような経営のグローバル化と標準化の関係を表わしたのが**図9-4**である。

図9-4のうち「グローバル・スタンダード」とは合理性と客観性をもち、グローバル・レベルで採用されると仮定されるシステムのことである。例えば、フォード・システム（ベルトコンベア・システム）、

図9-4　経営のグローバル化と標準化

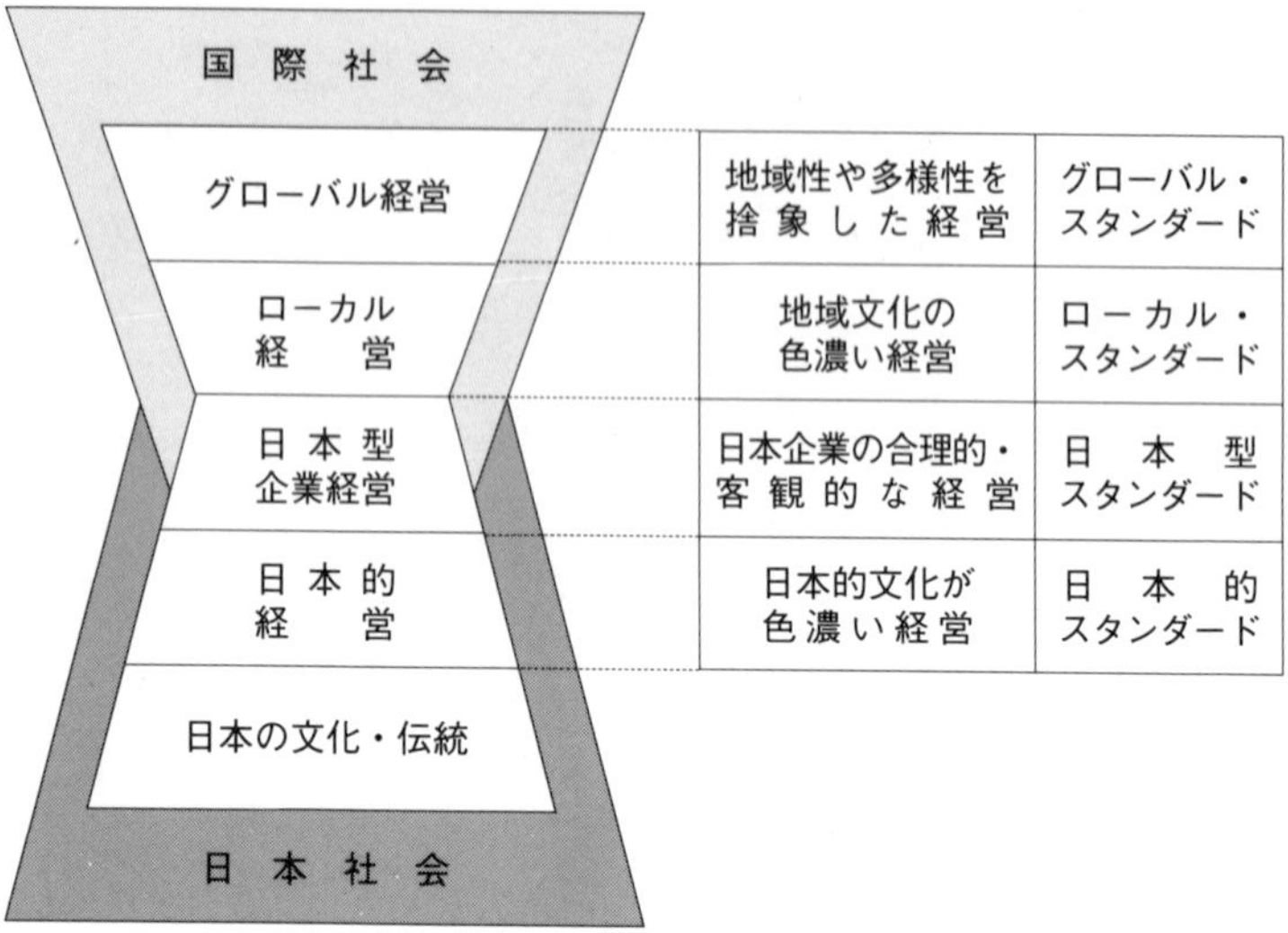

リーン生産方式[*11]、ISO14000やISO9000などである。また「日本型スタンダード」とはJIS規格やJAS規格、トヨタ生産システムなどである。「日本的スタンダード」とは、先に議論した日本的経営や日本的経営システムである。

(5) 日本企業のグローバル化と現地化

わが国企業は、国内産業の成熟化に伴った飽和状態を打破するために、安い労働力を求めて、そして引き続き自社製品の輸出競争力および国際競争力を確保するために、さらに先進国に対しては、貿易摩擦・経済摩擦解消のために、競って海外法人を設立し、現地生産を推し進めてきた。しかし、海外の現地法人をとりまく環境は決して平坦なものではなかった。

とりわけアメリカにおいては、知的所有権の問題、現地企業との対立、国民感情の悪化などがみられた。これは、アメリカの諸制度に対する無知、アメリカの人びととの価値観・思考・行動パターンの無理解から生じたことが多かった。

もちろん、現地の日系企業は、さまざまな学術書に書かれているような現地化への努力はしてきた。つまり、部品などの現地調達率の向上への努力、現地の人達の雇用や昇進の促進、技術移転、現地に適応した研究開発（R&D）等々を積極的に推し進めてきた。これらの努力は、相手を十分に理解した上での対応という視点、とりわけ現地文化への無理解から、ほとんど評価されなかった。

あるアメリカの日系企業では、企業内組合を採用し、原則的に終身雇用を採用した。そのお陰で、労使協調がはかられ、労使紛争も減少したという。これは、現地の人達の意向を組んで成功した事例である。

また欧米諸国では、地域社会は自分達がつくりあげてきた、またつくりあげていくといった考え方があるため、日本企業がアメリカ社会に受け入れられ、溶け合い、現地で"good corporate citizen"として認知されるには、一定の経営理念や利益に相応しい社会的貢献（philanthropy）、つまり企業メセナ（文化・芸術支援活動）を含む、教育、保健、医療、福祉、コミュニティ活動への支援・参加活動を行うことが期待されるのである。これらの社会的貢献は相手の立場、相手の文化・社会を理解してこそ、有益なのである。

以上のような考え方を内包した現地化のイメージを描くと、**図9-5**のようになる。

このような議論は、文明社会における異文化の対立と融合という側面を有している。ここでいう文明（civilization）とは、科学技術文明や物質文明という言葉で代表されるような現代社会の一側面である。グローバル化は合理性と客観性が要求されるが、文明自体も合理性と客観性が要求されることから、文明はグローバル化の原則を満たしている。

これに対し、文化（culture）は、長年培われてきたものであり、地域やその地域の歴史、民族、宗教、慣習などと深く関わるローカルな側面をもつ。同時に、地域限定的ではあるが、その地域独特の合理性や

図9-5　現地文化と現地化のイメージ

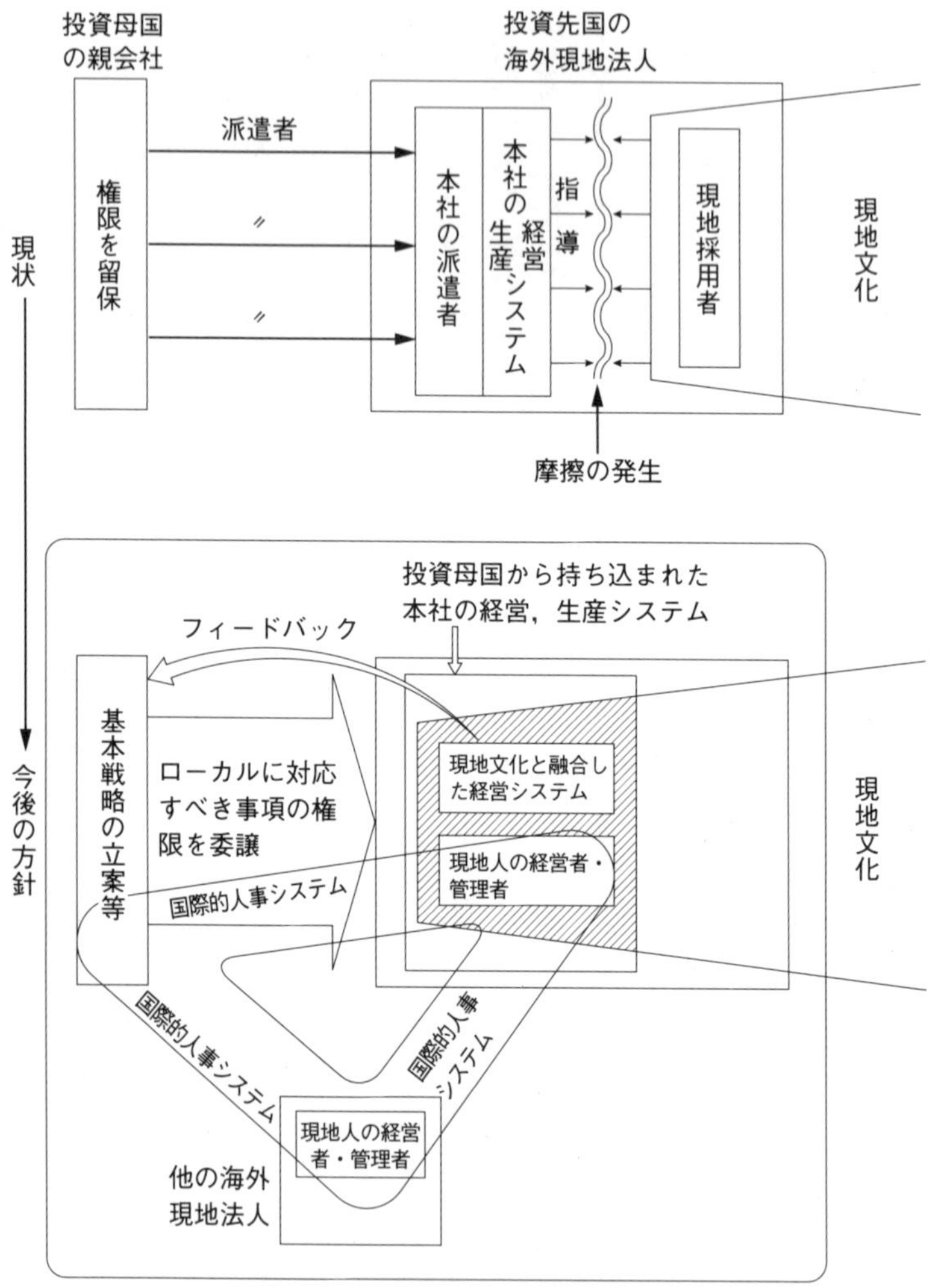

出所：通商産業省産業政策局編『共存的競争への道－グローバリゼーション下での我が国の産業活動と産業政策の方向－』通商産業調査会，1989年，59ページ。

客観性を有する。このように文化は地域性をもつがゆえに、企業が実際に現地で、経営や生産活動を行う際には、多くの対立点を生ずる元となる。しかし、多くの対立点を生ずるからといって、グローバル・スタンダードを強要し、画一化を進めることは、不可能だし、やるべきことではない。もし、すべてがスタンダード化され、画一化されれば、そこで人間社会の歴史は止まり、人間社会は衰退へと向かうことになるだろう。

そこで、グローバル戦略にとって、異質性にもとづく変化や創造性、ローカルな文化・歴史・価値観、現地化の必要性、相互扶助にもとづく水平的ネットワークなどが重要だという考え方に立つならば、自ずと、企業がグローバル化する場合の原則は、次のようになろう。

① 相手国（地域）の主権への不干渉の原則
② 共存共栄および五〇対五〇の原則
③ 明確な経営理念にもとづく長期的思考の原則
④ 地域重視の原則

3●日本的生産システムの国際性

本節では、製造企業に絞って、アジア諸国での実態調査をふまえて、日本的生産システムと外国企業のそれとの相違点、日本的生産システムを海外移転する場合の問題点、さらには日本的生産システムの国際性について議論することにしたい。

(1) 日本的生産システムの海外移転

海外での生産を成功させるには、日本企業の生産システムをいかに海外工場に移転するかが一つのキーポイントになる。ここでは生産システムを(a)設備、(b)生産管理、(c)工場内の組織風土・組織文化の三つの要素に分けて考えてみよう。

(a) 生産設備の海外移転

海外での工場は、次のような特徴をもつという。[*12]

① 総じて生産規模が小さく、一つの工場で実にさまざまな機種を生産するという多品種少量生産であること。
② 賃金水準が各国で違うこと。
③ 概して、技術水準・定着率・企業忠誠心が低いこと。
④ 関連産業の未成熟などによる部品や材料の現地調達がスムースにいかないこと。

このような特徴をもつ海外での工場では、次のようなさまざまな問題解決への努力がなされている。実態調査で明らかとなったことをまとめてみよう。

① 雇用確保が困難であっても、賃金水準が低い地域で、かつ技術者不足の地域では、自動機械を導入する分野も品質が絶対的に要求されるポイントに限るなどの考慮が必要である。これに対し、賃金水準が高い国では、第三国市場も含め、ある程度の需要が確保できるならば、生産コストを下げるために、できる限り産業用ロボットやNC工作機械の導入によるオートメ化を進め、人材を含めた合理化を促進する必要がある。もちろん、この場合にも、手作業による場合の生産性や品質と自動機械導入の場合のそれらを比較することが重要である。

② 現地の労働者の教育水準・技術水準が低い場合には「狭い範囲の技能」を、教育水準・技術水準が高い場合には、日本的な「広い範囲の技能」を要求する。技能は大きく二つに分けられる。

ⓐ 狭い範囲の技術的・専門的な技能。

ⓑ 複数の技術的・専門的な技能プラス管理的な技能。

教育水準や技術水準が高くなれば、それに相応しい、後者の技能を身につけるような労働者教育や指導が求められる。

③ 経済が未成熟な国では、部品供給業者などの関連産業を含めた裾野の広い産業構造をつくりあげることが必要である。

自動車産業に代表されるように、当該産業の裾野の広さが、その国の産業の成熟度を推し測る基準といえる。自動車産業では、アッセンブリー・ラインに行きつくまでに、部品や車体製造を含め、実にさまざまなプロセスを経てくるわけであり、それらの部品や車体供給業者が日本の系列のように、一つの流れとはなっておらず、総じて技術水準が低く、現地で部品調達ができないという事態が起こる。この場合、当面は、日本から輸入するか、日本の部品供給業者を現地に進出させるかのどちらかをとる以外にない。汎用性のある部品ならば第三国からの輸入という方法をとることもできる。少し長い目でみれば、現地の部品供給業者を育成することの方が良いかもしれない。また部品の重量が重い場合や部品が大きい場合などは、後者の方が良い。

以上の生産設備に関連した議論から、生産設備の現地対応のポイントとしては、次のようなことがいえよう。

① 専用機を並べて生産ラインを構成するのではなく、多品種少量生産に対応して、海外工場では汎用

機を多用するといった工夫が大切であること。

② メインテナンスの技術者不足に対応して、ロボットや自動機械の導入をできるだけ少なくするなどの工夫をすること。

③ 現地の状況に合わせて、生産設備を現地で設計し製作するという現地主義に根ざした対応をすること。

(b) 生産管理の海外移転

生産管理に関連して、わが国で実施されていることが、はたして海外で通用し定着するかどうかといった試みがなされている。それは、次のようなことである。

① QCサークル活動や提案制度の定着や実施への努力。

個人主義的思考・行動をとる現地労働者にはQCサークル活動への参加を嫌う傾向がみられる。

② 現場主義の管理。

現場で起きたことは、即現場で処理という現場主義は日系企業では徹底しているようである。

③ 生産の品質やデータが現場の作業員にフィードバックされ、現場の作業者によって利用されるようなシステムの確立。

このためには、現場作業者がOJTに対応し、広い視野をもち、さらに管理者的意識をもてるようになるかどうかが鍵となる。労働者が短期間で企業を移っていくのが一般的な海外労働市場では、OJTの定着化は困難なようである。三年以内に他の企業へ移る労働者が七〇～八〇％にものぼるというデータもある。

(c) 組織と組織風土の海外移転

日本の組織や組織風土の中で好意的に受けとめられているのは、次の二点である。

①「平等主義」の普及への努力…平等主義とは、工場長以下全員が同じユニフォームを着用し、同じ食堂で同じメニューの食事をとり、さらに情報の共有や、経営理念・企業文化の共有への努力がなされている。このようなやり方について、現場の労働者は概ね好意的に受容している。

この平等主義の根底やねらいには労使一体化や生産性の向上などがある。この平等主義は、上下関係を廃する現代の家族主義的発想にもとづいており、ある意味での権威主義を排するという意味では、いかなる社会にも受け入れられよう。このような意味での平等主義は、合理性と客観性を有することから、グローバル・スタンダードとしても容認されよう。

② レイオフをしないよう最大限の努力をし、雇用安定を確保し、かつ内部昇進をはかること[*13]…東南アジア諸国などでは中間管理職が決定的に不足しているため、企業内部で中間管理職を育成し、昇進させることは、国レベルでも有効であるし、企業内においても、将来、人材を現地化するためにも不可避であり、労使関係の安定にも寄与するだろう。この意味で、雇用の安定化や内部昇進は合理性と客観性を有する。

(2) 日本的生産システムの国際性

日本的生産システムは、MIT（マサチューセッツ工科大学）のスタッフによれば「ムダのない柔軟な生産の仕組みというだけではなく、弾力的で効率の高い製品開発、計画的な人材開発、柔軟な職場組織と情報の共有、サプライヤーとディーラーとの綿密で長期的な協力関係を包括する総合的な概念[*14]」であり、リーン生産方式と呼ぶとした。

この場合、日本的生産システムをトヨタ生産システムに置き換えれば、トヨタ生産システムは、「ジャスト・イン・タイム」と「自働化」の二本柱からなり、「かんばん」という情報システムを道具として利用する。さらに、トヨタ生産システムの生産量の柔軟性を高めるために、多能工（↔単能工）をベースとして作業者数を増やしたり少なくしたりするという「少人化」や、トヨタ生産システムは進化するものであるという理論にもとづき改善活動の必要性を説き、その方法の一つとして「創意工夫」概念を導入した。[*15]リーン生産方式では、最後の「創意工夫」概念が抜け落ちており、日本的生産システムとは言いがたい。むしろ、リーン生産方式は、国際的に通用する「日本型生産システム」である。

本章では、地域主義にもとづいたグローバル化戦略、つまりグローカライゼーション戦略を展開してきた。今や日本企業は、国際社会の中で、現地に根ざし、現地の一員としての貢献も期待されるような存在となった。

世界の市場で大きな存在となった日本企業が国際社会で評価され、各国企業と共存し、また投資先の社会で受け入れられていくには、次のようなさまざまな努力が要求される。[*16]

① 優秀な製品や効率的なサーヴィスを提供すること。

② 誰からも信頼され、誰もが参加できる世界の無形の公共財づくりを積極的に進めること（企業アイデンティティ）。

③ チームワークの強さや組織の柔軟性を損なわずに、文化的背景の異なる外国の人びとをそのネットワークに組み込んでいくこと（外国人の登用）。

④ 摩擦の解消策の一つとして、労働時間を短縮すること。

⑤ 日本企業の海外展開が進むにつれ、コーポレート・シチズンシップ（企業市民）やコーポレート・フィランソロピー（企業の社会的慈善活動）など、良き企業市民として積極的に社会的役割を果たすこと。

注＊

1　通商産業大臣官房調査統計部編『新版　我が国産業の現状―図でみる発展の軌跡と新たな潮流』通商産業調査会、一九八九年、九四頁参照。EC（欧州共同体）は、一九九二年にマーストリヒト条約により、EU（European Union、欧州連合）となり、新たに外交・安全保障、経済・通貨、社会の三分野での統合を進めることになった。一九九三年一一月からEUに名称変更。

2　同上、九四頁参照。NIESを構成する諸国は、七〇年代を通じて、発展途上国の中で急速な工業化を遂げ、GNPに占める工業シェアを三〇～四五％とほぼ先進国に近い比率にまで引き上げた。近年、アジアNIESは近隣諸国への投資や貿易などが急増し、アジア地域の局地経済圏形成の動因となっている。

3　福良俊郎稿「アセアン諸国への日本企業の進出実態」『工場管理Vol. 33, No.5』一九八七年五月号、日刊工業新聞社、三一頁。

4　小林規威稿、日本経済新聞、一九八六年二月一五日。一部加筆・修正。

5　通商産業省産業政策局企業行動課編『企業活力』東洋経済新報社、一九八四年、一七～一八頁。ここでいう「Uターン型意思決定」とは「トップ・ダウンとボトム・アップの混合型意思決定」である。

6　通商産業省産業政策局企業行動課編、前掲書、一九頁。

7　同上、二〇頁。

8　秋光翔著『文化としての日本的経営』中央経済社、一九九〇年、三～四および二七～二九頁。

9　植田栄二編「第7章　日本企業の経営活力―人間問題に注目して―」、植田栄二・小穴広躬・土屋敏明編著

『現代日本経営のパフォーマンス』同文館、一九八八年、一一六～一一七頁。
10 同上、一一九頁～一二〇頁。
11 リーン生産方式については、第3節で後述する。また、池内守厚著『工業経営の進化と経営デモクラシー』中央経済社、一九九八年、四一～四三頁を参照されたい。
12 吉原英樹稿「6 日本的生産システムの海外移転」吉原英樹・林吉郎・安室憲一著『日本企業のグローバル経営』東洋経済新報社、一九八八年、一一七頁～一一八頁。
13 同上、一三二～一三五頁を参考にし、著者の実態調査をふまえて論述した。
14 島田晴雄稿「『日本型経営』の国際化を」日本経済新聞社、一九九一年一月三日。
15 池内守厚著『工業経済の進化と経営デモクラシー』中央経済社、一九九八年、四一～四三頁を参照。トヨタ生産システムにおけるジャスト・イン・タイムとは必要な時に必要なものを必要な量だけ必要なところにもってくるというものである。
16 島田晴雄稿、前掲論文、一部加筆・修正。

第10章 日本企業とアジア・ローカライゼーション戦略

日本企業がアジア各国企業との共生をはかるにはどうすればよいか。パートナーとして相互信頼関係を構築するにはどうすればよいのか。このような疑問に答える前提となる考え方が"Asia localization"である。このアジア・ローカライゼーションとは「アジア社会との相互依存、協力関係の維持・発展による相互進歩・進化を目指したアジア現地社会との融合」と定義づける。

このアジア・ローカライゼーションを議論するにあたって、少なくとも、次の三点について考察し理解しておくことが必要である。

① アジアおよびその中の日本についての歴史的考察。
② アジア地域に根ざした経済的・技術的背景の考察。
③ アジア地域の民族や宗教を含む社会的・文化的背景の考察。

このような視点から、日本のアジア史観、日本企業のアジア進出モデル、日本企業のアジア地域との共生、日台中トライアングルへの道について、実態調査もふまえ議論を深めたいと思う。

1●日本のアジア史観

日本の第二次世界大戦の戦後処理が、アメリカやイギリスなどの西側諸国と呼ばれた国々の主導のもとで行われた。さらに、一九五〇年に勃発した東西対立の象徴としての朝鮮戦争を契機にアメリカ軍の後方支援（logistics）の役割を担うこととなった。これらの事を起因として、アジアに対する戦後処理が政治的レベルでの形式的決着の形をとったために、現在でも火種が燻《くすぶ》り続けている。このため、双方の国民がとりわけ日本では現実を直視する機会さえ与えられずに今日に至っている。歴史の現実を直視することから、未来への第一歩が開けてくるのである。

「未来は現在の努力によって開かれる。未来の問題は現実を分析することから始まる。未来の問題の解決策は、現実を直視することから始まる」

第1節では、日本のアジア史観として、日本とアジア諸国との関係ベクトルを見直すこととしたい。

(1) 第二次世界大戦後、日本人のアジア地域への関心が薄れた理由

その理由としては、次のような項目があげられよう。[*1]

① 戦後処理としての極東国際軍事裁判すなわち東京裁判が欧米連合国軍中心の裁判であり、アジアの人びとに関する諸問題を対象としていなかったこと。

② 一九五〇年から勃発した朝鮮戦争により、日本の再軍備が必要となり、アジアへの戦後処理が葬り去られたこと。

③ 戦後の東西対立、米ソ対立の激化により、日本が西側諸国に組み入れられ、日米同盟が日本の外交

の機軸になったこと。

④ 戦後のアメリカ追随型の経済成長がもたらされ、日米の経済関係への関心が一層高まる中でアジア諸国との関係を顧みる必要がなかったこと。

このような中で、日本では、近年になってアジア諸国や人びとへの関心が高まってきた。

(2) 日本がアジア諸国や人びとに目を向け始めた理由

その理由としては、次の四点があげられるだろう。

① わが国の目標としてきた欧米諸国に経済力の面で追いつき、さらなる経済発展を目指し、アジアさらに欧米に企業進出していったこと。

② 日本の経済力の向上により、国民の生活が豊かになり、欧米諸国以外の国々にも関心をもち始めたこと、自分達の国の歴史を振り返るゆとりが生まれたこと。

③ 国民生活がモノレベルで豊かなものとなり、一方で西洋合理主義にもとづく科学技術文明の限界や弊害を感じ始めたこと、他方で、東洋文化への関心が高まってきたこと。

④ アジア諸国とりわけNIES(アジア新興経済群 newly industrializing economies…韓国、台湾、香港、シンガポール)さらにASEAN(東南アジア諸国連合 Association of Southeast Asian Nations…インドネシア、マレーシア、フィリピン、シンガポール、タイ、ブルネイ、ベトナム、ラオス、カンボジア、ミャンマー)諸国の経済力が向上し、アジア諸国が日本に対し、さまざまな要求をするようになってきたこと。

現在、アジアの国々が「自立性・自律性・独創性」を徐々に高める中で、日本もその関係を見直す時期に来ている。日本とアジア諸国および人びとの交流が活発化するにつれ、今後、ますます、アジア諸国や人びととのグループ化やネットワーク化が促進されることになるだろう。国民主体の人的交流こそが、国際交流の基本であり、人的な国際交流のみが、人びとの相互信頼、ひいては国対国の相互信頼を醸成させることになるだろう。

2●日本企業のアジア進出モデル

現在企業は、安い労働力や資源、さらに新しい市場を求めて海外へ海外へとシフトしていく。アジアに限れば、まずアジアNIESへ、そしてASEANへ、さらに中国やベトナムへと、とりわけ「安い労働力」を求めて生産拠点を移動させてきた。このような企業行動は短期的には、安い生産コスト→安い製品→自社にとっての市場拡大といったメリットを生み出し、成功しているかに見える。しかし、長期的には、日本企業への不信感が醸成されかねない。多くの日本企業の海外での活動は長期的視点に立って、むしろ現地への貢献という立場を堅持している。

このような「安い労働力」という認識は、一足先に先進国への仲間入りを果たしつつある、また果たしたアジアNIESではもはや適用しえない。これらの諸国とは技術提携、共同研究開発、製品分業化、生産分業化、新市場の共同開拓などといったパートナーとしての関係を確立させる必要がある。このような認識および仮説は、本章を貫く第一のポイントである。

また、歴史的にも、実態調査などにもとづいた経験からも、このようなパートナーとしての対等な関係を構築できる対象は〝アジアに在り〟というのが第二のポイントである。

さらに、アジア諸国のうち、アジアＮＩＥＳとりわけ「臺灣」に注目するとともに、台湾、香港、シンガポールなどの「華人経済圏（華人ネットワーク）」[*2]や中国に関心を拡げていくべきであるというのが、第三の重要なポイントである。

次に、方法論の視点から第四のポイントについて明らかにしておきたい。つまり実証研究や統計的手法を用いて、単に海外、とりわけアジア進出の"know-how"を提起するだけでは、むしろ海外進出そのものが問題を生み出し、業績を圧迫し、当該企業のイメージや現地の社会的地位を押し下げることになるのではないかということである。各国でのさまざまな企業への聞き取り調査の結果からも、海外活動の基本的なコンセプトや当該企業の経営理念が求められているのではないかというのが、本章を貫く重要な第四のポイントである。「理念なき行動は早晩問題を生み出すことになるだろう。」

(1) アジア諸国への進出

かつて、一九九〇年代の初頭には、アジア各国は成長センターとしての地位を確保した。例えば、一九九二年には、韓国は四・四％、台湾は六・一％、インドネシアは六・〇％、マレーシアは七・八％、シンガポールは五・八％、タイは六・八％、中国は一二・八％の成長を達成した。[*3]

これらのアジア各国は"fundamentals and infrastructure"の整備に努める一方で、各国の公的および民間の大型投資融資の導入によって工業化の推進に努めてきた。このように、アジア各国は外資導入による工業化を推進したが、その直接的メリットとしては、次のようなことがあげられよう。[*4]

① 雇用機会の創出。

② 海外からの直接投資によって、資本ばかりではなく生産技術の移転がなされること。

③「輸入代替工業化」から外貨獲得を目的とした「輸出志向工業化」への転換による国際収支の改善。
④経営の“know-how”の習得。
⑤外国企業の進出により国内関連産業が育成され、その国の産業全体の幅と裾野が広がること。

これらのメリットは、後の項目になるにしたがって、実現には長い時間を要する。他方、さまざまなデメリットをもたらすことも忘れてはならない。それは、①経済的にはインフレの進行による物価の高騰、②社会的には価値観の西洋化・標準化による物欲主義や拝金主義の広まり、道徳の欠如、よき伝統・地域文化の喪失、各国やそれぞれの地域に根ざした“identity”の後退（換言すれば西洋的スタンダード化）、公害などによる社会的生活環境の悪化など、実に多くの問題を生み出している。これらの歪みは、国内的には不安定要因となり、政治的不安定をも誘発する。

これらの問題は、わが国が戦後歩んできた道である。アジアを研究することは、これまで日本が歩んできた道を振り返り、見直すチャンスを与えてくれるだろう。

(2) アジア諸国への直接投資

アジアＮＩＥＳは工業製品依存度の高い「輸出志向型工業化」を基本政策としてきた。しかし、近年の労働力不足、人件費の高騰、現地通貨の対ドル・レートの上昇などから、単に、コスト削減のために安い労働力を求めた進出という意味からは魅力を失いつつある。前述したように、今後は、日本とアジアＮＩＥＳは良きパートナーとしての関係を再構築する必要がある。一定の経済力・政治力をもったアジアＮＩＥＳに対しては、経済的・技術的にも、さらに政治的にも対等な関係に立脚しない限り、アジアにおける日本の存在は受け入れられないだろう。アジアの人びとは、日本に対して、アジアの一員としての行動・

役割を期待しているのである。そのような理解こそが、アジアを理解するための第一歩である。

次に、わが国の海外直接投資という視点から、アジア諸国との関係を見てみよう。

① 萌芽期（一九五一〜一九六七年）…年間投資額は一〜二億ドル程度。

② 育苗期（一九六八〜一九七一年）…年間投資額は四〜九億ドル。

③ 安定成長期（一九七二〜一九八五年）…その背景は円の切り上げ、円高相場の調整、欧米諸国との貿易摩擦回避等。一九八五年のG５プラザ合意つまり過度のドル高是正のための協調介入以降、急速な円高となり、国際競争力が低下するにつれ海外投資熱が一段と加速。

④ 急成長期（一九八六〜一九八九年）。

⑤ 開花期（一九九〇年代前半）…貿易摩擦解消をねらった海外進出の一巡、円高が一段落したことにより海外進出のメリットの減少、国内資金需要のひっ迫などが、その背景。

⑥ 移動期（一九九五年以降）…国内の既存経済・産業・製品が成熟化し、減速経済下にある中、既存製品への圧力が高まる中、国内市場では安い部品や製品の海外生産と輸入によって国内需要を満たしていこうという動きも見られる。同時に、投資先を欧米、アジアNIES、ASEANなど、バランスのとれた再投資を継続させていくことになるだろう。アジアNIESでは、企業内の製品分業体制、企業内生産分業体制の確立に向けた動きが活発化している。

ASEANのうち、一九九二年に訪問したタイでは、一九八八年から九〇年には一〇％台の成長を達成した。タイ政府はバランスのとれた底辺の広い経済開発に努力しており、同国の豊富な天然資源開発の一層の推進、繊維産業および電子組立産業など軽工業部門への投資を奨励している。[*5]

一九八六年の円高以来の日本の投資状況としては、輸入比率の高い業種への投資の増加、中小企業の進出の増加などといった特徴があげられる。このうち中小企業の投資は、初めから製品を日本に輸出することを目的としているものが多い。訪問した靴下のメーカーでは、タイ政府の外貨獲得政策に貢献する目的から、一〇〇%日本向け製品を生産している。そこでは日本の機械、日本の生産システム、日本の人事システムをそのまま持ち込んでいるということであった。

タイでも急速な経済の工業化により、道路や通信などのインフラ整備の遅れや、整備された工業団地の不足、物価や賃金の急激な上昇、技術者を中心とした有能な人材の不足、自然環境破壊や社会生活環境の悪化の進行がみられた。

(3) アジア進出行動モデル

海外進出形態は大企業の場合と中小企業の場合とでは異なるようである。①大企業の場合には、現地のパートナーとの合弁方式や現地企業の買収などがあげられる。合弁方式の場合、タイやフィリピンでは多くが華人系のパートナーであった。現地企業の買収の例が台湾でみられた。これはアメリカ系の企業の買収の例であるが、当社では人事面でのドライなアメリカ系企業の悪い面が出て、以前から従業員であった人びとの間には、経営者やオーナーに対する不信感、つまり、またいつ身売りするかわからないといった不安が広がっていた。②中小企業の場合は、一〇〇%出資による現地法人の新設が多いといわれるが、もちろん、輸出比率八〇%以上(タイの場合)といった条件つきではある。

アジア諸国へ企業進出する場合のパターンは、**図10-1**のように描くことができよう。それはアジアNIESとASEANの場合とに分けて考えており、アジア各国の外資導入政策との関連で進出企業の行動モデルを消極的モデルと積極的モデルとに分けて、時系列的に描いたものである。国によってバラツキはあ

図10-1　アジア各国への進出企業行動モデル

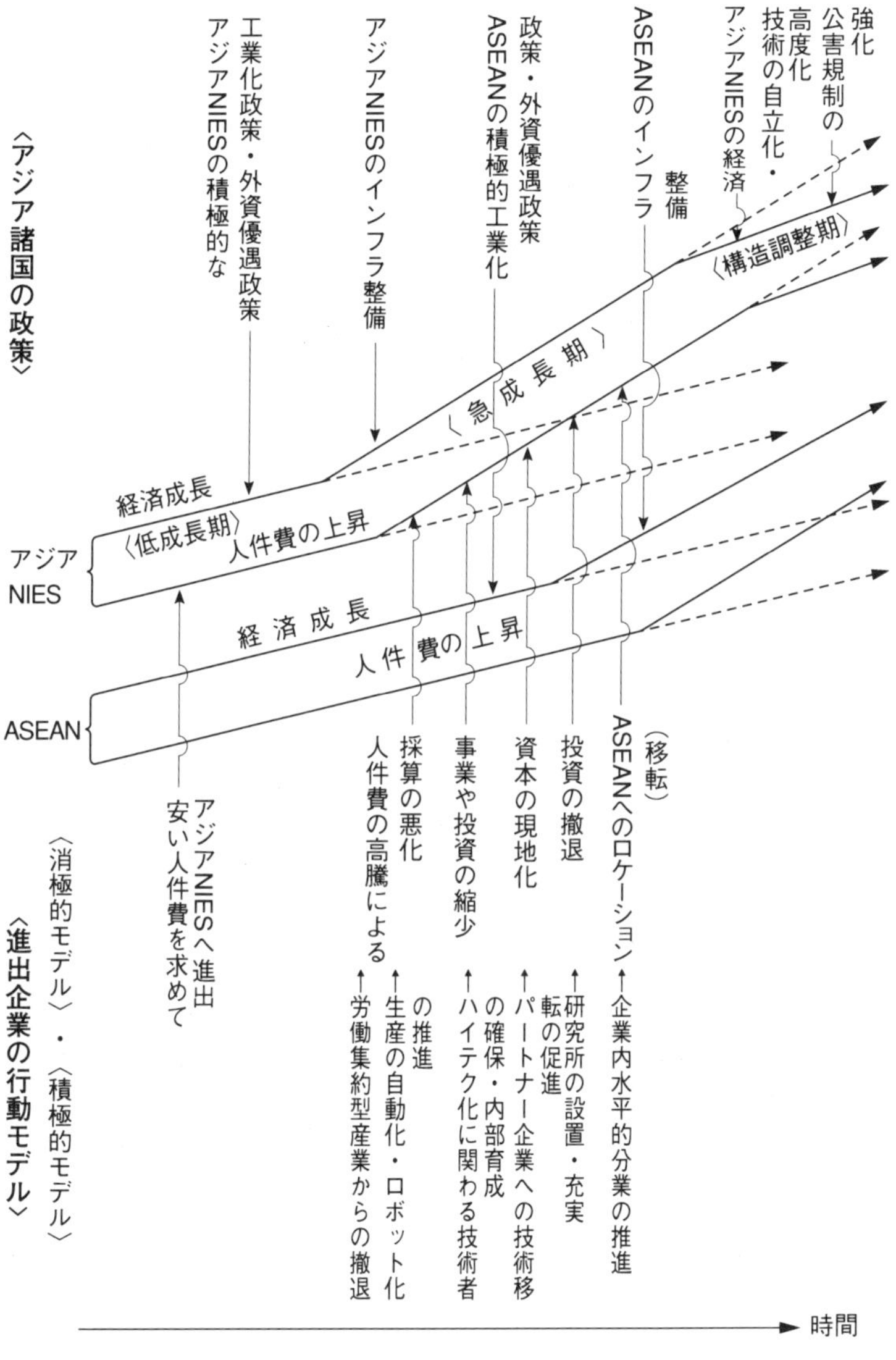
〈アジア諸国の政策〉
アジアNIESの積極的な
工業化政策・外資優遇政策
アジアNIESのインフラ整備
ASEANの積極的工業化
政策・外資優遇政策
ASEANのインフラ
整備
アジアNIESの経済
技術の自立化・
高度化
公害規制の
強化
経済成長
〈低成長期〉
人件費の上昇
〈急成長期〉
〈構造調整期〉
アジア
NIES
経済成長
人件費の上昇
ASEAN
〈進出企業の行動モデル〉
〈消極的モデル〉・〈積極的モデル〉
アジアNIESへ進出
安い人件費を求めて
人件費の高騰による
採算の悪化
事業や投資の縮少
資本の現地化
投資の撤退
ASEANへのロケーション
（移転）
←労働集約型産業からの撤退
←生産の自動化・ロボット化
の推進
←ハイテク化に関わる技術者
の確保・内部育成
←パートナー企業への技術移
転の促進
←研究所の設置・充実
←企業内水平的分業の推進
時間

るものの、概ね、このような傾向を経て、経済成長をしていくものと予測される。**図10-1**は、相手国の立場に立脚した企業進出のタイミングや進出パターンを知るうえでも役に立つであろう。

実際にアジア諸国に現地法人を新設しようとする場合、入念な事前調査と市場予測などが必要であるが、同時に進出相手国の経済政策・外資政策やパートナー選びがポイントとなる。特に、パートナー選びは重要なポイントであるという意見が多く聞かれた。現地法人を新設する場合のチェック・ステップ&決定プロセスは**図10-2**のようになろう。

図10-2のような現地法人の輪郭ができあがると、その経営の中身の問題を解決しなければならない。それは海外現地法人の経営戦略の内容であり、大きく二つのステップとして考えられる。

（第一ステップ）生産、生産・現地市場販売、生産・輸出、販売、サーヴィスのうち、どの業態を採用するのか、あるいはその組み合わせを採用するのか決定しなければならない。これは経営戦略のメイン・システムをなすものである。

（第二ステップ）製品改良あるいは新製品開発のうちどちらの製品戦略を採用するのかを決定しなければならない。製品改良の新製品開発のプロセスを表わしたのが**図10-3である。**

このように海外進出先で法人を設立し、さらに経営戦略を実施する際の資源レベルで大きなネックとなるのは「人的資源」と「技術」の問題である。このうち技術移転は、進出先国の経済成長や関連する現地産業の育成に寄与するとともに、従業員の技術的能力を高めることにもなる。以下は、フィリピンや台湾での聞き取り調査において明らかになった諸問題である。

① 技術を習得した現地従業員の他社への移動・引き抜き。

② 技術を習得した現地従業員の独立。

図10-2　現地法人新設のチェック・ステップと決定プロセス

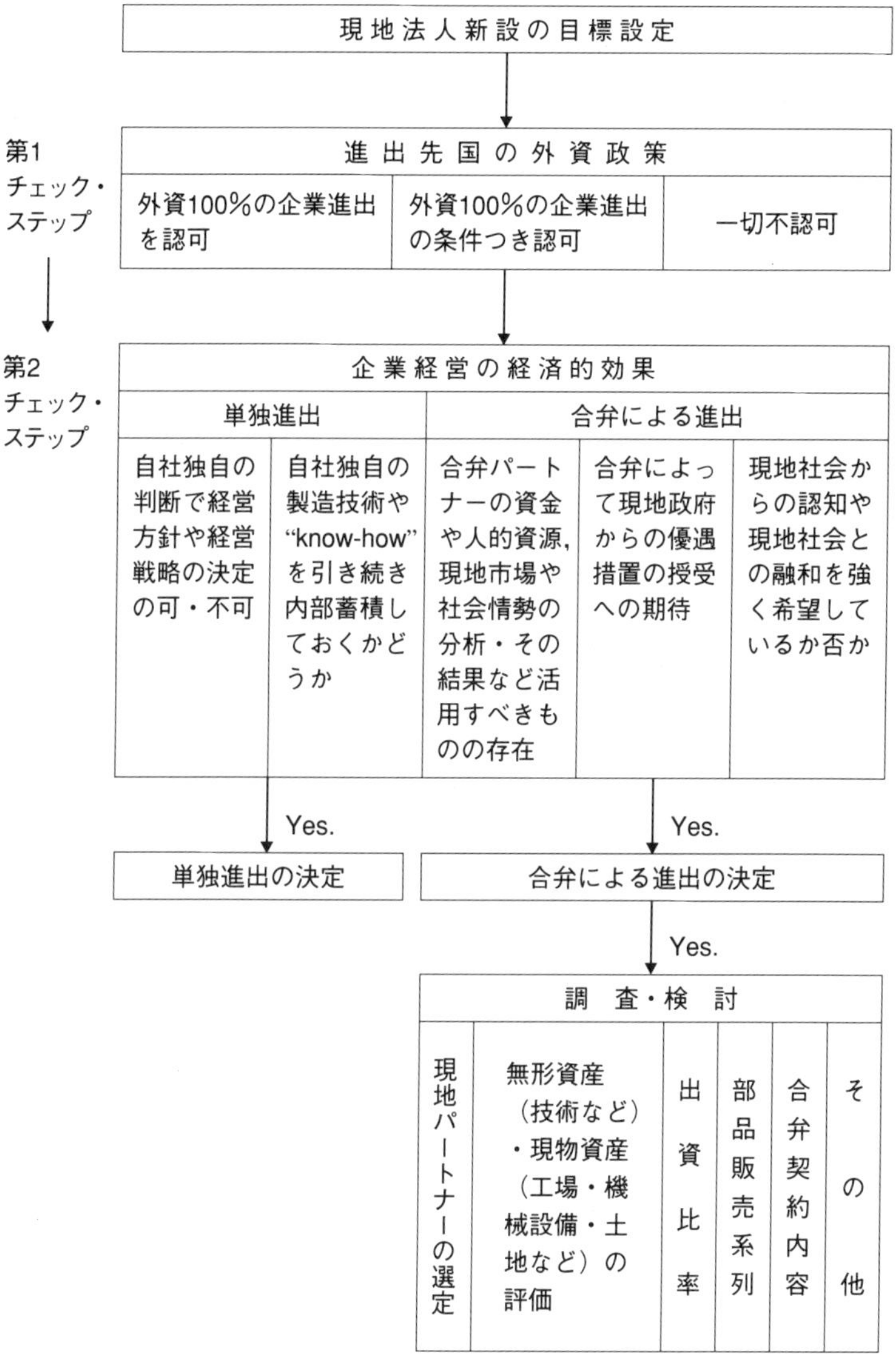
現地法人新設の目標設定
第1
チェック・
ステップ
進出先国の外資政策
外資100%の企業進出を認可
外資100%の企業進出の条件つき認可
一切不認可
第2
チェック・
ステップ
企業経営の経済的効果
単独進出
合弁による進出
自社独自の判断で経営方針や経営戦略の決定の可・不可
自社独自の製造技術や"know-how"を引き続き内部蓄積しておくかどうか
合弁パートナーの資金や人的資源，現地市場や社会情勢の分析・その結果など活用すべきものの存在
合弁によって現地政府からの優遇措置の授受への期待
現地社会からの認知や現地社会との融和を強く希望しているか否か
Yes.
Yes.
単独進出の決定
合弁による進出の決定
Yes.
調査・検討
現地パートナーの選定
無形資産（技術など）・現物資産（工場・機械設備・土地など）の評価
出資比率
部品販売系列
合弁契約内容
その他

図10-3　製品改良と新製品開発プロセス

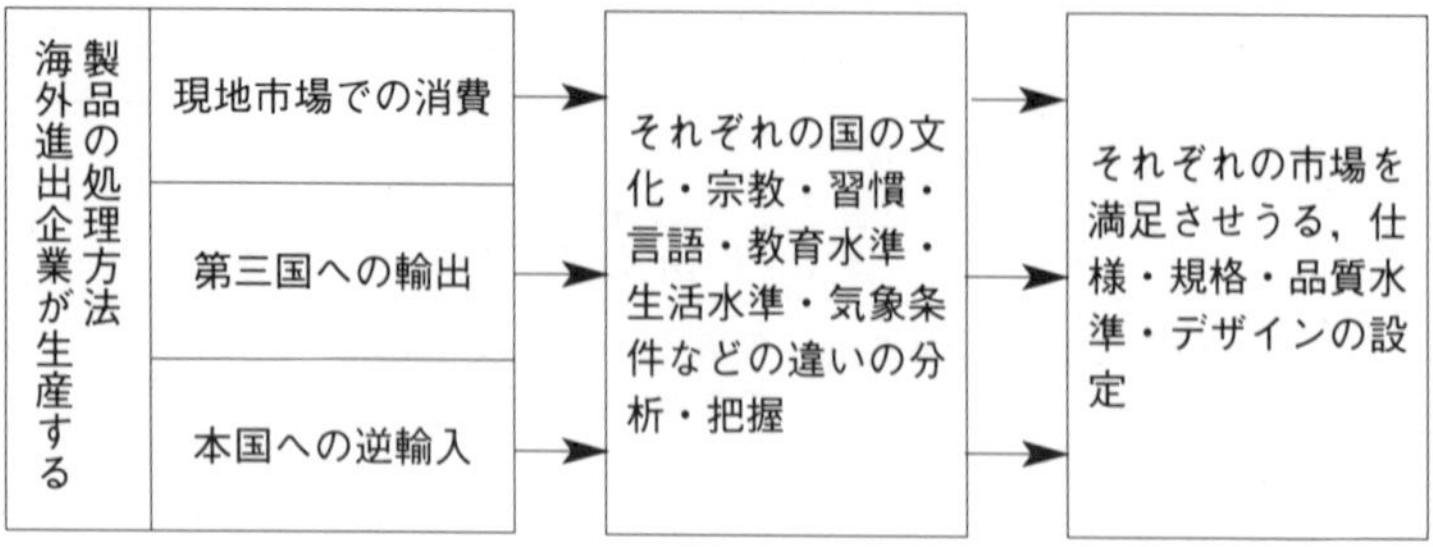

③　現地従業員による競合他社などへの自社技術の売り込み（企業秘密の漏洩）。

このような技術移転に関わる人的資源の問題については、各社とも対策を打ち出せないのが現状のようである。あるトップが「海外進出はその国の経済力の向上や人的資源の育成に協力するという姿勢で臨まなければならない」と言っておられたのが印象的であった。このトップの話は、海外の企業活動は短期的には多くのマイナスがあるが、長期的視点に立つことの必要性を説いたものである。

長期的視点に立った安定した生産活動を行うための条件を以下において取り上げよう。これらは、タイ、フィリピン、台湾での聞き取り調査の結果をまとめたものである。

①　工業用地の確保、つまり工業団地、経済特別区、輸出加工区などの土地の購入・借入れ…道路、電力、通信、運輸、上下水道などの整備がなされた土地の購入やレンタルが望ましい。

②　機械設備の調達…進出時の機械設備の購入は、技術指導やメインテナンスの面からも本国のものや使い慣れた第三国のものが望ましい。しかし、将来的には現地との融和を考慮するならば、また機能性、耐久性、操作性、生産性（効率性）、精度などの面で妥協しうるレベルに達したならば、進出先国の機械設備の購入・レンタルが望ましい。さら

に機械設備を購入する場合、現地政府が雇用創出を期待している場合や、労働賃金水準が低い場合などは、それらに応じたオートメ化率の低いレベルのものを購入することも必要である。さらにEU（European Union、欧州連合）とくにイギリスへ輸出する場合にはＩＳＯ９０００など生産プロセスに関わる国際標準規格への対応も必要である。

③　部品外注先の整備…アジア諸国などへの進出の場合、一部の国、一部の産業領域を除いて、技術・品質などの面で満足のいく部品調達は困難な状況にある。したがって、進出当初は本国から部品を購入するとか、本国の系列・グループ関係にある部品供給会社に進出を依頼することが必要であろう。中・長期的には、現地企業を育成し、部品の現地化に努め、現地の調達率を徐々に上げていくことが不可避である。

④　原材料の安定供給…原材料の確保のためには、原材料や製品の輸出入に精通している商社の利用が考えられる。また原材料によっては、気象条件や市場動向などによって激しく変動するものもあるので、できうる限り、リスク分散の意味からも、輸入先や買付け先を効率的に分散しておくことが望ましい。

3●日本企業とアジア地域との共生

一九八〇年代以降のわが国企業のアジアへの進出パターンは、大きく三つに区分される。[*6]

①　一九八〇年代前半までの進出パターン―現地市場に対応した「輸入代替型」…現地の産業・経済成長や雇用吸収に貢献。

② 一九八〇年代後半の進出パターン—第三国市場に対応する「輸出拠点型」…輸出振興や外貨獲得に貢献。

③ 一九九〇年代の進出パターン—日本市場に対応する「社内分業型」…技術移転や人材育成、サポーティング産業（下請企業など）の育成を通じて現地に貢献。

日本企業とアジアとりわけアジアNIESとの関係は、ここ二〇年で様変わりしてきた。人材や技術、さらに下請企業のレベル・アップによって、韓国、台湾、香港、シンガポールなどは経済的にも、政治的にも、社会的にも、自信を深め、社会的凝集力を高め、自立性、自律性、独創性を高めつつある。日本を先頭にした雁行型経済グループから脱却し、自らの道を模索し始めたかに見える。主張すべきは主張する。日本との関係においても〝Yes〟は〝Yes〟、〝No〟は〝No〟と言い始めた。とりわけ二一世紀を迎えてからは、その傾向が一段と強まってきた。水平的経済グループへと脱却し始めた。このレベルになると、一対一の関係となる。では、このような水平的な一対一の関係を構築するには、どうすればよいのだろうか。この第3節では、このような認識の上に立った関係構築をねらいとする。ここで重要なタームは「共生」である。

以下において、(1)アジア企業との相互連関、(2)アジア・ローカライゼーションと経営課題、(3)技術移転からネットワークづくりについて議論し、水平的関係構築に一つの答えを出すつもりである。

(1) アジア企業との相互連関

海外進出企業に対する現地側の要請をまとめると、大きく三つに分けられる。[*7]

① 「開発・成長」…経済成長・産業育成、雇用吸収、輸出振興・外貨獲得など。

図10-4　わが国企業とアジア地域との相互連関モデル

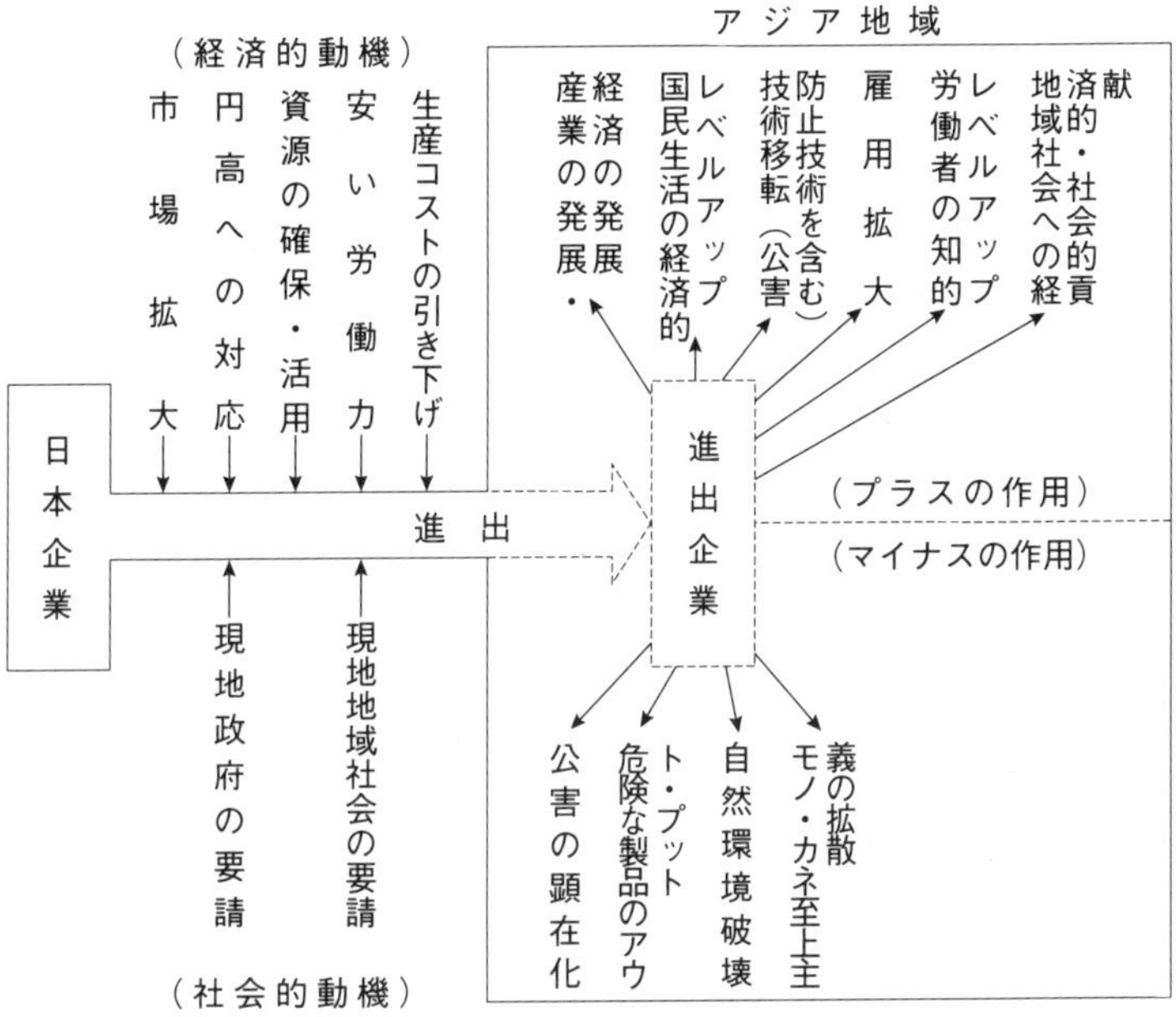

②　「現地化・同化」…技術移転・人材育成、サポーティング産業（部品産業などの関連産業）の育成など。

③　「文化・社会の保持」…文化・社会習慣の尊重、現地社会との交流・調和、環境・資源の保全など。

これらの要請に答えるとともに、地域社会の一員としての行動が期待される。

経済的・社会的動機をもって進出する日本企業は、進出地でのプラス作用とマイナス作用を鑑みた企業活動が要請される。このような地域社会との関係を表わすと、**図10-4**のように描くことができよう。

(2)　アジア・ローカライゼーションと経営課題

企業を維持発展させるには、「外的諸要

因への適応能力」の向上と「リスク適応能力」を高めておくことが必要である。これらの適応能力を高めるには、①ローカライゼーションの促進、②経営体質の強化、③経営力の向上が欠かせない。

さらに、これら①②③のためには、以下のような前提要件を満たしておくことが必要となる。

ⓐ 現地情報の収集・蓄積。
ⓑ 海外事情、とりわけ現地の事情に精通した経営の展開。
ⓒ 現地経営の"know - how"の蓄積。
ⓓ 現地に合った生産技術システムの確立。
ⓔ 現地労働者の教育・訓練。
ⓕ 労使協調を目指したシステムづくり。
ⓖ 現地内外の流通やマーケティング・ルートの確立。
ⓗ 現地内外のネットワークづくり。
ⓘ その他。

このように、ローカライゼーションを進めることは、外的諸要因への適応能力やリスク適応能力の向上に役立つ。

アジア・ローカライゼーションとは「アジアへの海外進出企業が『企業市民（corporate citizenship）』として、現地社会に定着し成長を続けていくために、海外進出に伴う社会・文化的摩擦を克服し、ヒト・モノ・カネ・技術・情報といった経営資源を、日本側と現地側の双方の主張を統合し、新たな基準のもとで現地化・同化して現地社会との共存共栄を実現していくことである*8」。これを図で表わしたのが、**図10-5**である。

図10-5　企業進出とローカライゼーション

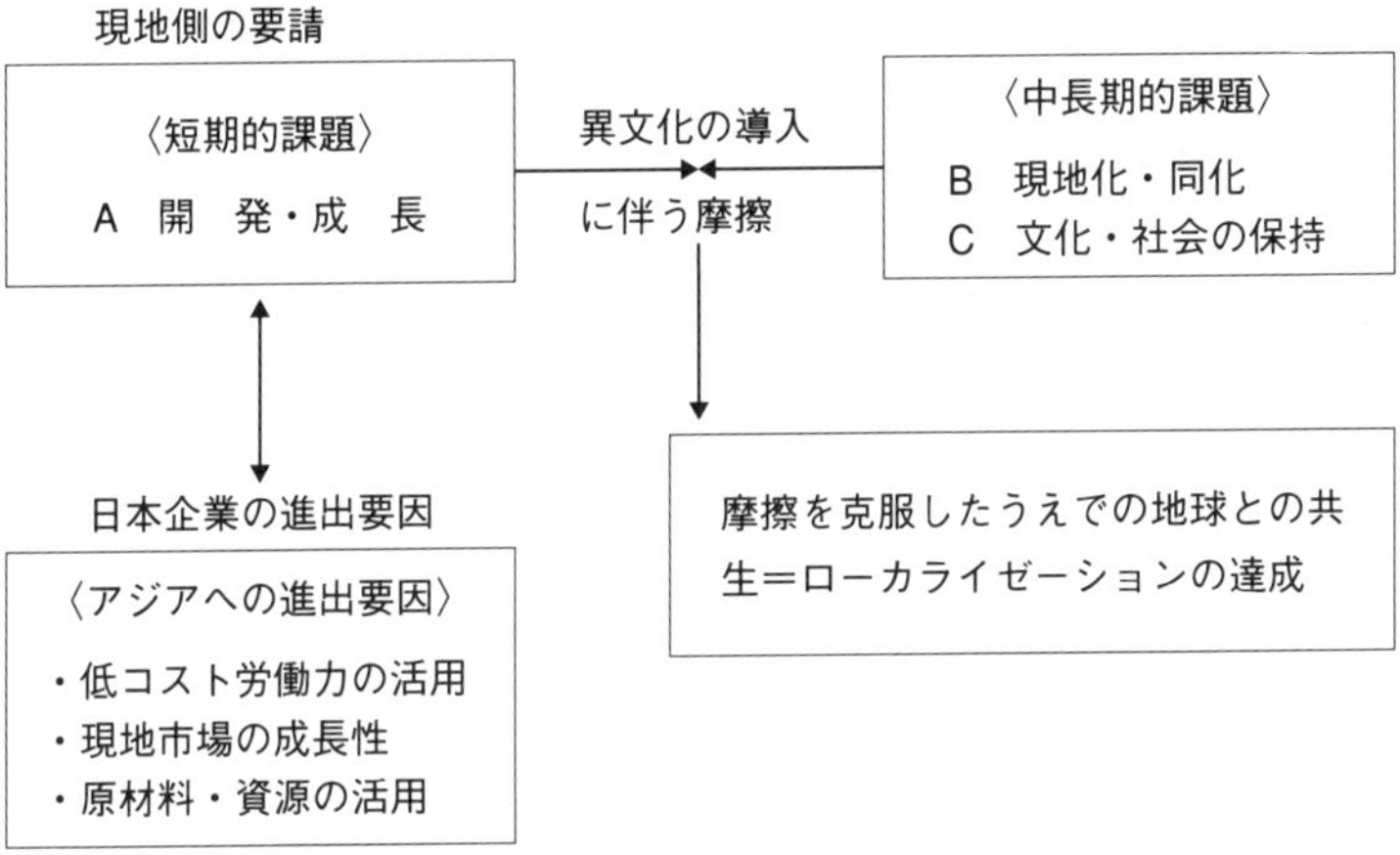

出所：小川政道・高橋英明著，住信基礎研究所監修，『アジアにおける経営ローカライゼーション』中央経済社，1992年，12ページ。一部加筆・修正。

図10-5にあるように、現地側の要請である短期的課題である開発・成長と日本企業のアジアへの進出要因とは符合する。しかし、時間の経過とともに、現地側の要請に応えるという形での短期的課題と、中長期的課題とがぶつかりあい、摩擦が生じるが、その摩擦を少しでもやわらげるのが、現地社会との融和活動である。実態調査によれば、次のような融和活動項目があげられよう。

① 民族融和の視点から、少数民族（minority）などの積極的採用。
② 研修生の日本への受け入れ。
③ 日本文化の紹介による相互理解。
④ 役員・管理者への現地の人達の積極的登用。
⑤ 教育機関や医療機関などへの寄付金や物質的援助。
⑥ 災害復旧などへの支援。
⑦ その他。

さて、次に、アジア・ローカライゼーションの内容について論ずることにしたい。*9

(a) **グローバル化と最適立地**
① 進出先での現地生産を前提とする「国際的な経営への転換」
② 進出先国の特性にフィットした機能別分業をターゲットとする「企業内国際分業」
(b) **国際関係深層化への対応**
① 技術移転や人材の登用、新製品開発、製品の高付加価値化を通じた「現地経済への貢献」
② 資本財（道具・機械・原料）、中間財（半製品）、部品などの現地調達による「貿易不均衡の解消」
③「投資摩擦の解消」
(c) **海外進出に伴う現地側からの要請への対応**
①「現地社会・経済への貢献と同化・調和」
②「現地社会のルールや価値観の尊重」
(d) **アジア地域の社会・経済環境の変化への対応**
① パートナーとしての「現地側との安定的取引関係の構築」
②「現地重視型の取引関係の構築」
③ 販売市場、生産基地の両面での相互補完による「共存共栄」
④「アジア域内生産の重要性と認識」

以上のような、アジア・ローカライゼーションを達成するには、現地側の社会的・経済的要請に答えるという短期的対応だけではなく、長期的視点に立った社会・経済上の課題をクリアーしなければならない。つまり、ローカライゼーションの阻害要因を克服するためには、経営上の課題を達成する必要があり、それによってローカライゼーションが達成される。時間という視点からみれば、すべての海外企業は、常に

図10-6　ローカライゼーションの達成と経営上の課題

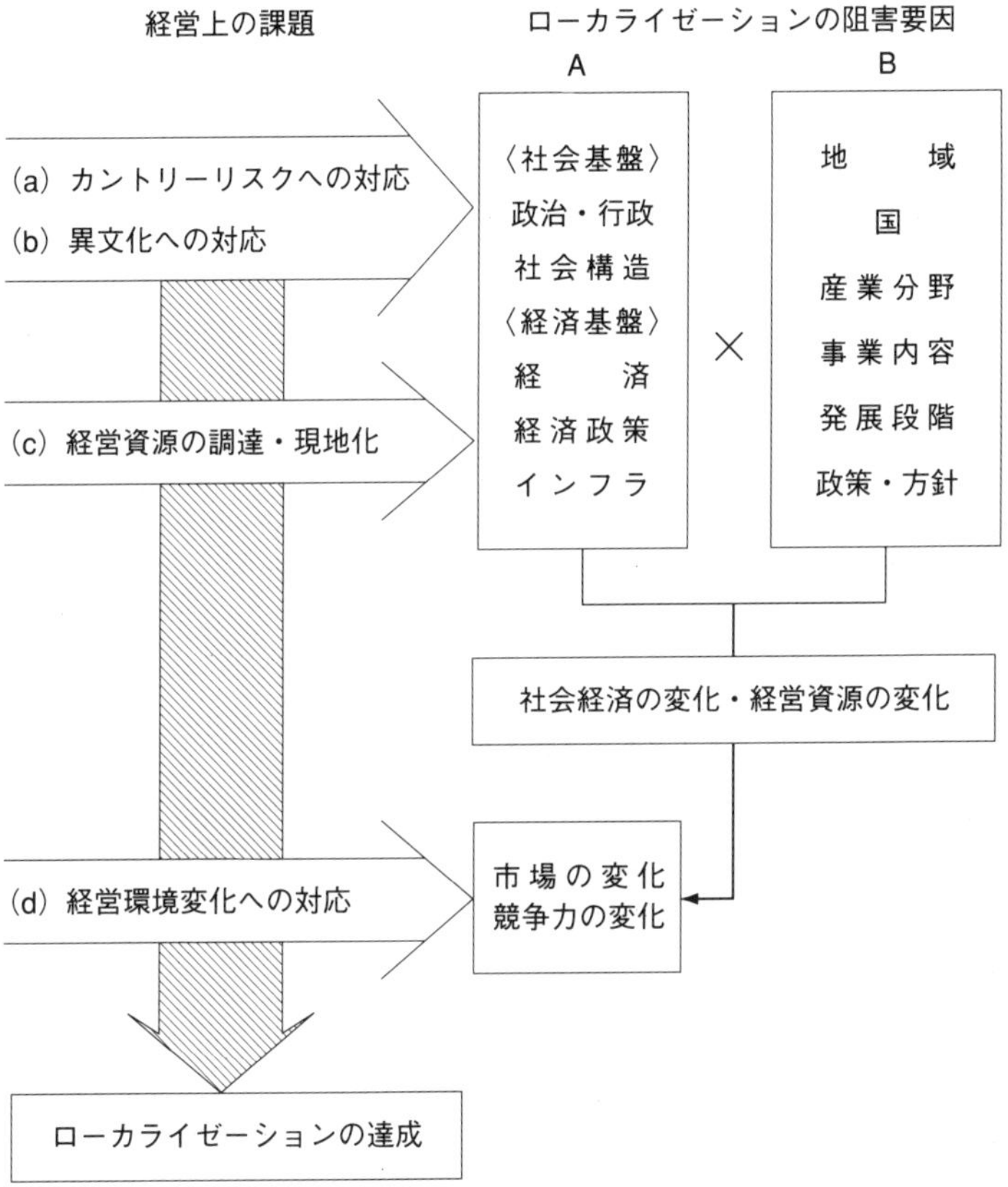

出所：小川政道・高橋英明著，住信基礎研究所監修，『アジアにおける経営ローカライゼーション』中央経済社，1992年，45ページ。一部加筆・修正。

ローカライゼーション達成のプロセスに位置しているということができる。その意味で、ローカライゼーションの達成は一つの"long－term objective"ということができる。

このようなローカライゼーションの阻害要因、それらの阻害要因を取り除き、ローカライゼーションを達成するための経営上の課題を描きだしたのが**図10-6**である。

図10-6のローカライゼーションの阻害要因は、Aの要因とBの要因が実際には複雑にからんでくる。Bの要因は、どの地域、どの国、どの産業分野、どんな事業内容、社会的・経済的にどんな発展段階、どんな政策・方針といったように、それぞれあてはめて考える必要がある。

このような複雑多岐にわたるローカライゼーションの阻害要因を克服するための経営上の課題は、大きく四点に分類される。[*10]

(a) **カントリーリスクへの対応**

① 地域・民族問題の把握

② 政情不安・治安上の問題への対応

③ 累積債務問題への対応

(b) **異文化への対応**

① 現地での商慣習の尊重

② 日本的経営の現地への対応

③ 現地側との共有価値観および"communication tool"の醸成

(c) **経営資源の調達・現地化**

① 現地の人材の登用

② 技術移転
③ 日本への送金よりも現地への再投資の重視
④ 現地側に対する公正な評価と信頼関係の構築

(d) 経営環境変化への対応

① 市場の変化・競争力の変化への対応
〈製品開発〉コスト重視→品質重視
〈生産計画〉労働集約→自動化・合理化
〈雇用計画〉労働者の育成→管理者の育成
〈資材調達〉輸入→国内調達。
〈市場開拓〉日本市場→現地市場・第三国市場
〈技術開発〉工程管理（組立）・技術移転→R&D・段階的開発
② 現地企業独自の柔軟な経営戦略

このような経営上の課題を実施することによって、アジア・ローカライゼーションは進行していくのである。

(3) 技術移転からネットワークづくりへ

進出先国の産業や経済の発展に貢献するということは、主として「技術移転」（technical transfer）をするということである。換言すれば、進出先での企業の直接的な経済的貢献は技術移転である。生産労働レベルの技術移転は、生産財すなわち機械設備を使って労働が行われることや、それらの機械設備の維持管理や修理によって技術移転がなされる。このような技術移転は、労働者や技術者を通じてなされる。

この技術移転の方法は、次のようなものが考えられる。*11

① 技術ライセンス契約の締結にもとづくもの。

② 国際協力事業団を介した技術協力によるもの。

③ 機械・設備の輸入によるもの。

④ 直接投資（現地生産）によるもの。

技術移転の方法のうち、中心となるのは直接投資によるものである。日本の直接投資による技術移転によって、韓国や台湾は「後発性利益」を受け、工業化の発展プロセスの短縮化に成功した。そして、電機、自動車産業などに欠かせない幅広い裾野産業も育ちつつあり、製品開発のパートナーとしての役割も現地企業に期待できるようになってきた。

このように相手国の技術水準が向上するにつれて、日本企業との製品分業（product sharing）や生産分業（production sharing）が可能となる。旧来からの国際経済秩序、つまり国家を主体とした国別商品貿易体制としての国際分業体制は、一九〇〇年代になって、新たなる企業を主体とした生産活動の国際分業体制への移行を始めた。二一世紀になって、その動きはむしろ加速しており、複雑化しつつある。一方で「製品分業」が企業間で進められている。他方、グローバル・レベルで企業再編が進行し、企業間の技術提携（technical co-operation）・生産提携・販売提携なども活発化し、一層の効率化を追求し、部品の共通化や"module"化も進められ、企業間ネットワーキングを通じた「生産分業」体制への移行が強力に進められている。

このような製品分業、さらに主流となりつつある生産分業の時代にあっては、国家間や地域間だけでなく、それらを越えて、さまざまなユニット、つまり企業間、生産システム間、研究所（大学も含む）間、経営者間、研究者間、技術者間、労働者間、製品や部品間、技術間等々で、ローカル・レベルやグローバル・レベルでネットワーク化が必然となる。これらのユニットは、まずローカル・レベルでネットワーク化される。次に、グローバル・レベルでネットワーク化される。もちろん、現実には、これが混在している。

製品分業から生産分業へと展開されるにつれて、ネットワーク化は、ますます促進される。このようなネットワーク化が進行するにつれ、部分部分への責任体制が強化されるため、それぞれのユニットが「自立性・自律性・独創性」をもつことが要求される。換言すれば、国際化・グローバル化の進行は、各ユニットに「自立性・自律性・独創性」を要求する一方で、各ユニットの活動範囲を拡大させる。活動範囲が広がれば広がるほど、「ネットワーク」活用の必要性も高まる。

次節では、ネットワークの一つとしての、「日台中トライアングル」への道について考察する。

4● 日台中トライアングルへの道

本節では、(1)「日本企業と台湾企業」との関係の緊密化とその変化、(2)台湾経済や社会の「自立性・自律性・独創性」といった視点からみた「台湾の台湾化」、(3)台湾企業や経済の対外的関係の考察にもとづいた「日台中トライアングル」の必要性などについて議論を深めたい。このような議論を通じて、製品や生産のローカル＆グローバルなネットワーク化の中で、日本企業が生き残っていく方途を探索したい。

(1) 日本企業と台湾企業

台湾は、一九六〇年代以降、日本との経済的関係を深めながら、輸出志向型の工業化を促進してきた。いわゆる元安・原油安・金利安の「三低現象」を背景に、輸出の増大、設備投資や消費の増加によって、一九八六年と一九八七年を頂点とする高度成長を達成した。このような高度経済成長の背景には、アメリカへの輸出が大きく貢献していた。しかし、このような高度経済成長は国内的には労働力不足[*12]をもたらし、一方で賃金上昇によるコスト・インフレをもたらし、他方で設備投資の増加による資産インフレをもたらした。また、対アメリカとの関係では、貿易収支の大幅な黒字化による外貨準備高の増加[*13]により、元高への圧力が高まった。一九八六〜一九八七年にかけて元高が進行した。

このような経済成長は、賃金の上昇をもたらし、国民の消費意欲を向上させ、結果として、経済的な国民生活の向上に寄与してきた。また、一九九二年には一人当たりＧＮＰ（国民総生産）が初めて一万米ドルを越え、先進国経済の水準に達した[*14]。

これを裏づけるように、国民全体に中流意識が急速に広まった。一九九二年当時、台湾国民の多くは中流意識をもち、組合の組織率は低下し（二一・六％）、交通問題や物価上昇への関心が高く、社会福祉の強化を訴え、民主化への要求も高まった。

一九九四〜一九九五年当時、台湾の人びとには、次のような現代人的特徴がみられた。

① 高い生活向上意欲、モノやカネなど生活信条の現実直視・重視型への転換。
② 社会的レベルでの「台湾の台湾化」つまり台湾の人びとの〝台湾人〟としての意識の高まり。
③ ３Ｋ（キツイ、キタナイ、キケン）といった仕事を嫌がる傾向。

このような台湾の人びとの現代人的特徴は、物的欲求の一層の高度化・高質化、台湾の人びとの自信と凝集化（内向きベクトル）といった性向をもつと考えられる。このような特徴は、台湾の「独立性や自律性の高まり」といった言葉で表現できる。それはまた外部への関心を増大させる傾向をもつ。今日の台湾では、自己への自信と凝集という「内向きベクトル」と外部へ働きかける「外向きベクトル」が併存している。外部への働きかけの段階においては、「独自性・独創性」が要求される。「独自性・独創性」がなければ、グローバル社会では生きていけない。

以下において、台湾経済を(a)「内向きベクトル」と(b)「外向きベクトル」に分けて考えてみたい。

(a) 内向きベクトル

台湾経済の内的動向予測と産業構造転換は、次のような方向へ向かうだろう。

① 軽工業や単純電子工業などの経済的貢献度の低下。
② エレクトロニクス産業の一層の高度化・拡大。
③ 労働集約型産業から知識集約型産業への転換。
④ 社会資本の充実を目指すことに伴う公共投資の増大。
⑤ 台湾東海岸のリゾート施設の整備や交通アクセスの整備による観光産業の育成。

(b) 外向きベクトル

先進国化した当然の帰結として、国内消費を賄《まかな》う以上の生産能力や財務能力といった経済力をバックに、その経済活動領域を次第に海外へとシフトさせていく。一九九〇年代の台湾経済の対外的関係は、次の四点に集約される。[*15]

① 日台の密接な技術交流。
② 台湾からアメリカへの輸出超過と日本から台湾への輸出超過。

図10-7　台湾経済の発展と流れのウズ

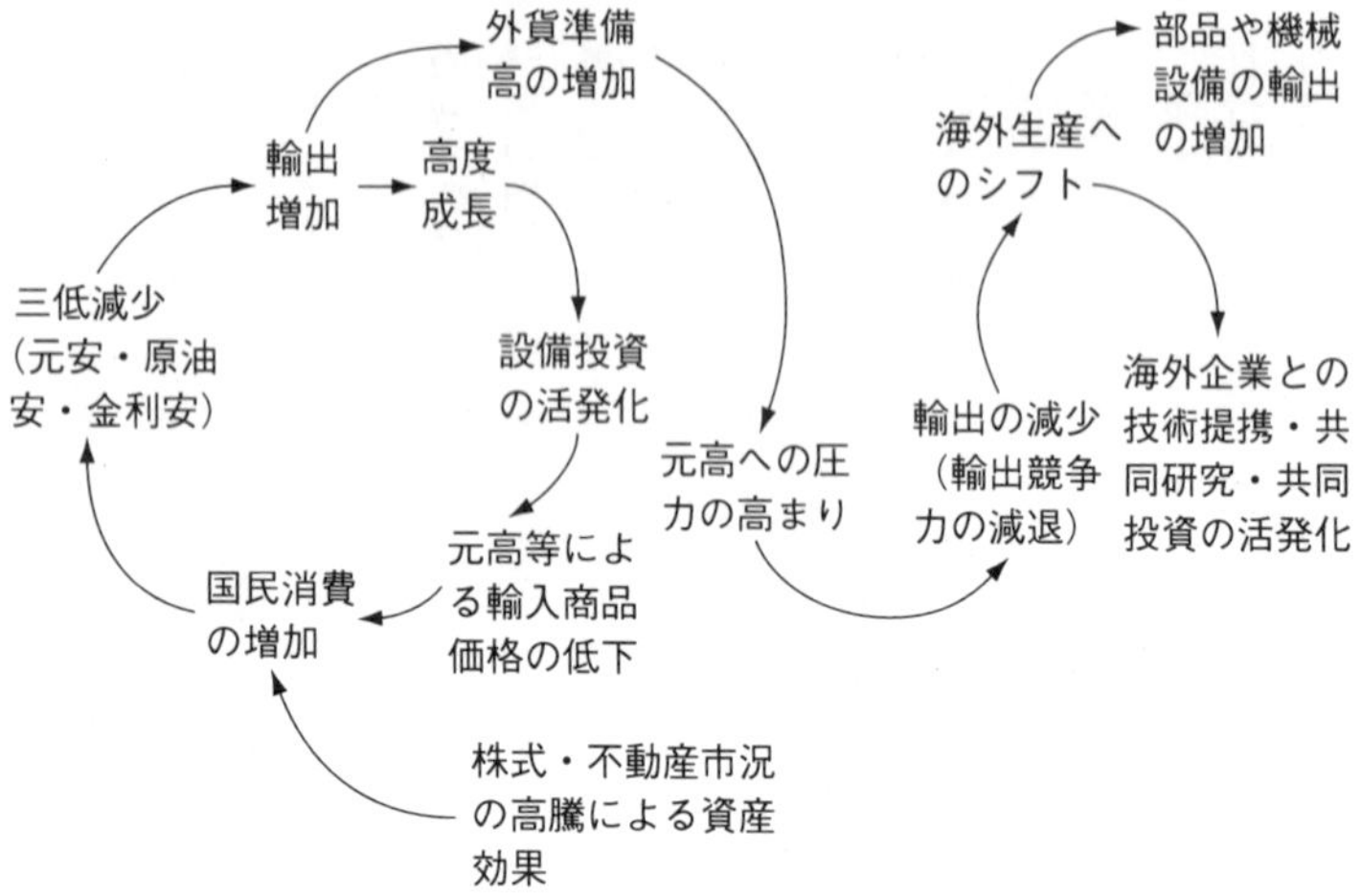

③　アメリカへの輸出の減少とヨーロッパ諸国への輸出の増加傾向。

④　中国への資金・技術の流出。

このような台湾経済の内・外にわたる動きを連続的にとらえたのが**図10-7**である。

一九九五年当時、台湾経済は高い民間企業活力、国民の高い購買意欲、政府の公共投資への意欲などにより、中成長レベルを維持しつつ、失業率も低く、着実に成長しつつあり、モノづくりレベルでの産業・経済基盤は一応の確立をなしえたとみる。

(2)　経済的・社会的な「台湾の台湾化」

台湾が経済力向上の施策をより強力に推進し始めた背景には、次のようなことが考えられる。

①　一九七一年の中華民国・台湾の国連脱退。

②　一九七二年の日中国交回復による日本と台湾との〝政治的〟国交断絶。

主として、このような状況を背景に経済力向上とその展開がなされた結果、まずは内向きベクトルが働き、経済レベルでの「台湾の台湾化」が招来された。それは外資導入による台湾経済の「独立化・自律化」である。その後、外向きベクトルの働きによって、独立化・自律化した経済を背景に、企業や経済の国際的展開と台湾独自の国際社会での地位の向上である。

台湾は一つの政治的集合体として、凝集化し、その結果、「独立化・自律化」が達成された。その内向きベクトルを強化しながら、外向きベクトルの強化に努めている。つまり「独創性」の向上に努めている。これは、グローバル社会で生き残っていくパワーである。政治的・経済的・社会的独創性こそが、グローバルなネットワーク社会では不可欠と言わざるをえない。

現在の台湾経済には、次のような特徴が見い出される。

① 急成長期から構造調整期へ。
② 軽工業を中心とした輸出中心経済から内需拡大・国際分業化経済体制へ。
③ 技術移転の推進や海外投資の拡大。
④ 高水準にある外貨準備高を背景とした国際経済に占める比重の高まり。
⑤ 独自の技術開発研究、技術的・人的能力のレベル・アップへの努力。
⑥ 生産および消費の両面からの成熟化の進行。

このような経済レベルの「台湾の台湾化」は、近年、国民レベルにまで浸透しており、台湾独自の生活様式・文化・認識・価値観などとして定着しつつある。それは、台湾に住むあらゆる人びと（原住民〈9民族〉、内省人、外省人…）を区別することなく、融和を求める動き（一九九四年七月には原住民法が成立）台湾自らの歴史[*16]を振り返り、自らの拠り所を求める動きとなって現われている。

歴史的裏づけは、一五四四年のポルトガル船の船員による台湾（フォルモサ…美しい島の意）の発見、一六二四年～一六六二年までのオランダによる支配（一六二六年以降は南部から北部へと支配地域を広げた）、一六二六年～一六四二年までのスペインによる台湾北部の占領、清国を追われた漢民族の鄭成功《ツエンチェンコン》による一六六一・一六六二年の台湾南部を中心とした政権樹立と崩壊、一六六四年からの成功の長男、鄭経《ツエンチン》政権の樹立と支配、一六八三年七月に清王朝による澎湖島《ポンフー》・台湾本島の占領、一六八四年五月二七日に清国による台湾領有の詔刺が発令、一八七四年以降清国による台湾の積極的支配の開始[*17]、日清戦争（一八九四年～一八九五年）の終結とともに一八九五年末から日本による台湾支配の開始、一九四九年以降は国民党による台湾の支配等々に求められる。

(3)「日台中のトライアングル」の形成

一九九〇年代前半の台湾のアジア地域での経済活動は大きく二分される。そのベースになるものは日本と台湾との経済的・技術的かつ人的な関係において醸成されたものである。その過程において、経済的・社会的な「台湾の台湾化」が始まったのである。このような台湾の台湾化によって、台湾マネーや台湾の人びとが元来有する開放性と国際性とがマッチして、経済・企業活動を海外へ押し出していったとみることができる。

台湾の人びとは、一九六〇年代までは、台湾国内に生産拠点を設け、利益をあげ、中小規模になると国内での再投資はあまりせず、海外へ投資したり、海外へ資産を移転したりといった〝華僑〟のような経済活動パターンをとる傾向が強かった。それは、かつての台湾の経済的〝嘆き〟でもあった。しかし、一九七一年の国連脱退以降の国内経済政策重視の方針転換によって、公共投資や国内向け投資が本格化した。そして一九九〇年代初めに国内経済に余力が出始めた結果、いったん内向きになった経済投資活動が、そのベクトルを海外に向け始めたのである。中国への投資は、かつて同じ民族であったという意識から、特別の意味をもっているようである。

かつての台湾の経済人・企業人の海外での経済・企業活動は「浮き草型」「摘み取り型」ということができよう。現代のそれは〝華人〟として〝台湾人〟としての経済パターンの傾向が強く、台湾という地にしっかりと根をはやした経済・企業活動を志向している。

台湾のアジア地域、グローバル・レベルでの経済活動を三つに分けて考えてみよう。(a)南進（向）政策にもとづく動き、(b)日台の関係を基礎とした日台中の動き、(c)グローバルな動きに分けて考えることにしよう。

(a) 南進政策にもとづく動き

台湾は一九九三年八月に「南進投資対策」の構想を発表した。これは政府と民間が協力して東南アジアに投資し、中国への投資熱を冷ますというのが目的であった。その他にも、一九九七年に中国に返還された香港の代わりの大陸貿易投資の中継基地を確保することや、一五年以内に自由貿易区を組織することを意図しているＡＳＥＡＮ（東南アジア諸国連合）に早めに現地の生産基地を確保しておきたいというねらいもあるという。[*18]

一九九四年一月一四日には台湾経済部（日本の経済産業省に相当）は「東南アジア地区に対する経済貿易工作強化に関する綱領」草案を可決し、台湾の「南向政策」の具体的な計画とすることにした。計画の範囲はＡＳＥＡＮ六カ国から更にインドシナ半島にまで拡大された。計画の範囲にある国としてはフィリピン、タイ、マレーシア、インドネシア、シンガポール、ブルネイ、ベトナム、ラオス、カンボジア、ミャンマーが含まれている。この計画の重点は、次のような項目である。[*19]

表10-1　台湾の対中国および対東南アジア投資の推移

年＼投資先	中国（香港経由）	東南アジア6カ国
1989	35億米ドル	86億米ドル
1990	40億	108億
1991	58億	123億
1992	74億	142億
1993	110億	157億

出所：サン・エージェント・コーポレーション編『SUN WEEKLY BUSINESS NEWS 第231号（1994年2月28日）』泰陽企業股份有限公司発行，10ページ。

① 東南アジア各国の経済、金融、エネルギー等の情報収集。

② 東南アジアに対する貿易の拡大、東南アジアに出荷倉庫や台湾製品展示センター等の設置の奨励。

③ 投資および技術提携の強化をにらんだ、東南アジアの企業との戦略的企業連盟の確立や各国への台湾企業投資サーヴィスセンター（TAIPEI DESK）の設置。

④ 海外協力基金を運用した経済貿易関係の強化。

このような政府の施策により、個別企業も中国への投資を棚上げしたり、その分東南アジアへの投資を増やしている。しかし、対東南アジアや対中国に対する台湾の投資が上昇基調にあることには変わりない。次のような統計的資料がそのことを証明している。**表10-1**を参照されたい。

表10-1の東南アジア六カ国とはシンガポール、インドネシア、タイ、マレーシア、フィリピン、ブルネイを指す。

(b) 日台の関係を基礎とした日台中の動き

通常、技術移転（technology transfer）は「それぞれの現地の経済・技術レベルに合った適正な技術の移転を行う」という考え方が一般的である。しかし台湾に関する限り、必ずしもこの原則はあてはまらない。その背景には日本との人的交流の深さと広さ、さらに台湾の人びとの開放的で役に立つものは何でも採り入れようとする積極的な民族性があるといえよう。

台湾への日本の直接投資は、主に次のような二つの側面から台湾経済に寄与し、台湾と日本との国際分業に影響を与えてきた。[*20]

① 台湾への直接投資の規模が台湾の経済成長に豊富な資金を提供したこと。さらに台湾経済や産業構造の高度化を通して、国際競争力の強化に役立ったこと、つまり日本の投資が台湾の輸出産業を強化し、輸出主導型の工業化に貢献し、資本形成と雇用創出に大いに貢献したこと。

② 日本の直接投資がもたらした生産基地化に貢献したこと。

このように日本から台湾への直接投資は、台湾の①輸出主導型の工業化と②生産基地化に貢献した。一九八〇年代までの日本と台湾の関係は、技術水準の面からも、上流から下流への流れといえるが、今後は水平的分業を基調とした対等の関係へと発展していくだろう。このような日台の発展的関係において、大きな役割を演ずるのが「技術移転」であり「技術開発」である。今日では日台の関係は新たなる段階、つまりパートナーとしての関係を構築する段階に入っており、パートナーとしての関係はますます深まるだろう。

日台中の関係、つまり日台中トライアングルは**図10-8**、**図10-9**のようになろう。これらの図は、実態調査にもとづいて描いたものである。

図10-8　企業内技術分業体制の時系列化

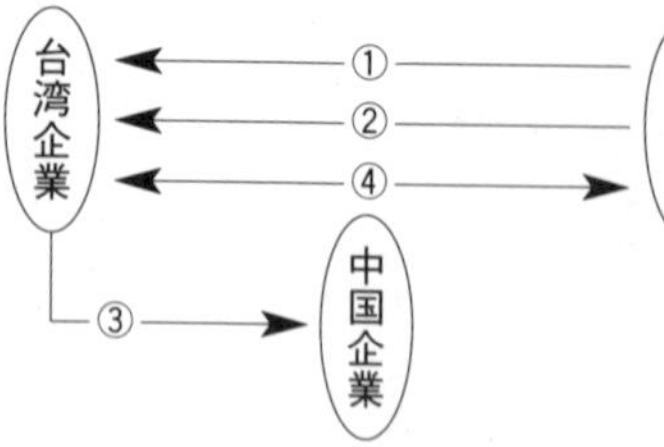

注）
①製品技術移転：台湾進出の初期段階。
②生産設備技術移転。
③台湾から中国への製品技術移転：1980年代半ば頃からの台中関係。
④生産設備や製品に関する高度なエレクトロニクス技術の相互交流：1990年代半ば頃からの日台関係。

図10-9　企業内製品分業体制

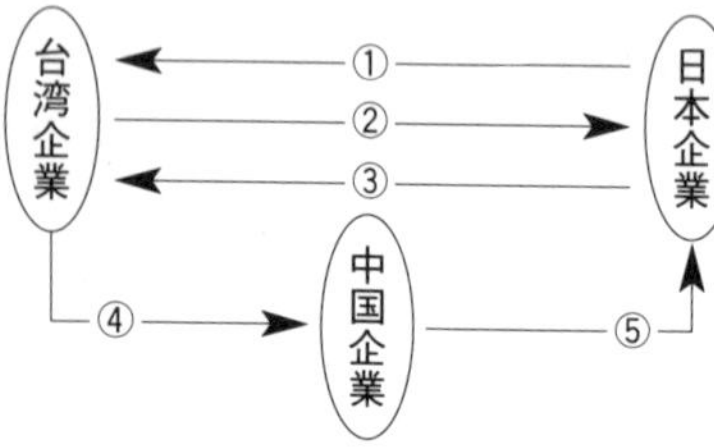

注）
①生産設備の輸出：1980年代まで。
②製品または部品輸入：1990年代初期にいったん縮小，1990年代半ばには円高によって製品輸出が漸増傾向。
③より高度な部品の日本からの輸入：現在。
④生産設備の輸出・技術指導：現在。
⑤完成品の輸入：1980年代半ば。

(c)　グローバルな動き

台湾の国際舞台での動きとしては、APEC[*21]（アジア太平洋経済協力会議）に一九九一年のソウル会議で加盟したこと、WTO[*22]（世界貿易機関）には、中国とともに二〇〇二年に加盟することが二〇〇一年一一月に正式決定されたことなどが挙げられる。台湾は、加盟に向けて、関税の引下げ、自製率（部品の国内調達率…自動車の場合は五〇％）の廃止、製品輸入の開放などに努めてきた。

台湾は自由貿易を支持し、経済の開放政策を促進させる一方で、グローバル経済社会の中で独創性を高めようとしている。

現在の台湾経済の対外的関係は、次の五つのポイントに集約されよう。

① 日台の密接な技術交流が行われている。

② 台日貿易は台湾の輸入超過で台湾の貿易赤字が続いており、赤字額は増加の一途で、一九九三年には史上最高の一四二億米ドル（前年比一〇・二％増）を記録した。その背景には

図10-10　台湾と日・中・欧・米・東南アジアの相互連関

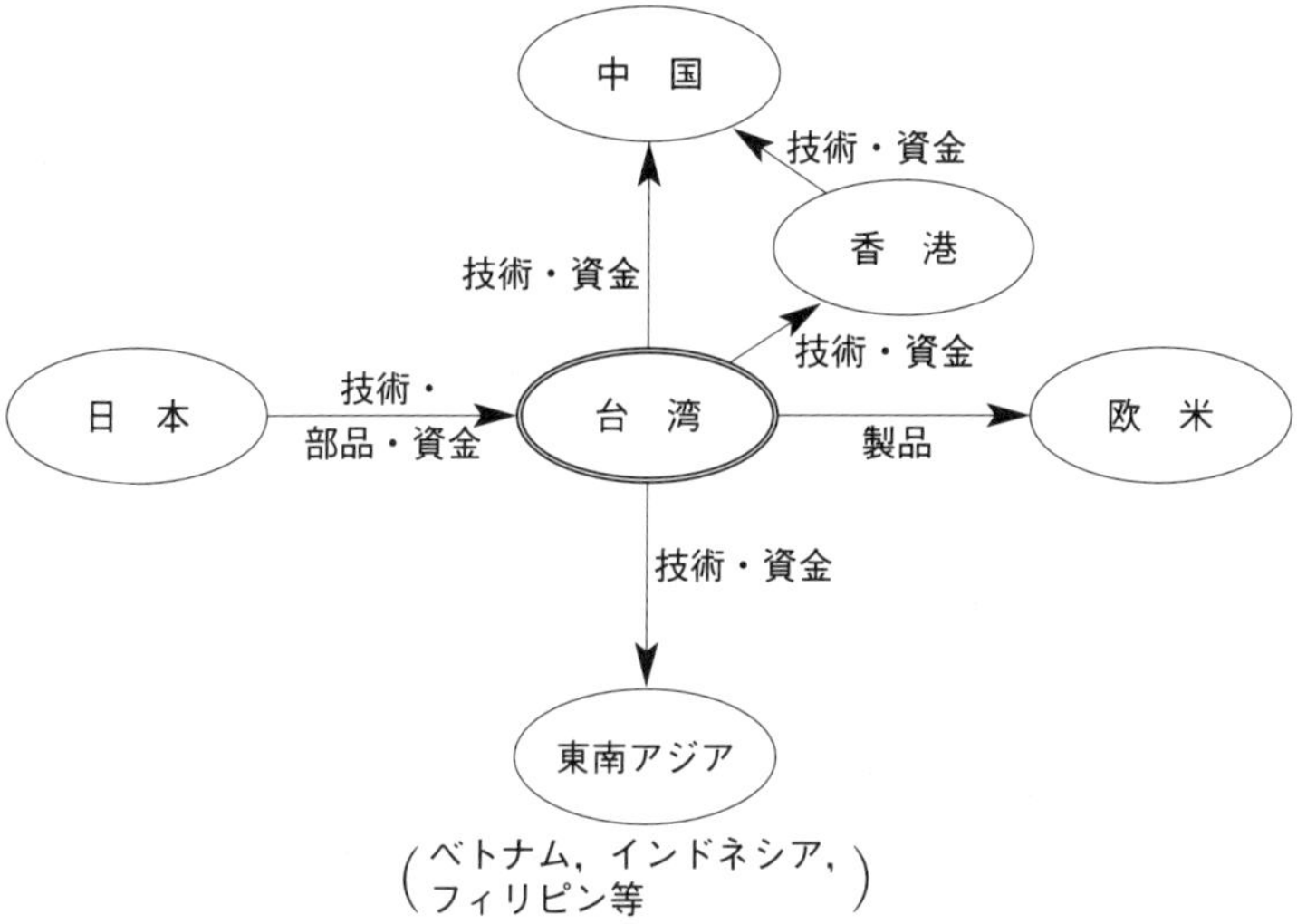

日本を中心に素材や基幹部品を輸入、組み立てて加工してから輸出する構造であることがあげられる。台湾はパソコンや周辺機器分野で世界の生産基地になりつつあるものの、半導体など主要部品は日本などに依存している。[*23]

③　香港経由で、台湾から中国へ資金や技術の流出が続いている。

④　付加価値の低い産業を中国やベトナムなどに移転している。

⑤　欧米への製品輸出によって外貨を獲得してきた台湾は、近年、アメリカへの輸出が減少し、ヨーロッパ諸国への輸出が増加しつつある。

以上のような台湾経済の対外的関係を技術、資金、部品、製品の流れとしてとらえたのが**図10-10**である。

このような台湾の対外的関係には、日本と同じような輸出産業の育成による高度経済成長を達成した「貿易立国」としての特徴がある。現在、台湾では軽工業や単純電子工業などの経済的貢献度が低下していく中、エレクトロニクス産業の一層の拡大・高度化をはかっている。台湾では日本からの技術移転や投資を促進させ、日本企業との合弁で産業を高度化し、日本への輸出拡大につなげたいという気運が高まっている。さらに労働集約型産業の大半を中国や東南アジアに移転し、知識集約型産業構造への転換をはかろうとしている。

日台中関係を日本側からみると、中国に進出する際、香港経由や台湾経由が考えられる。日本の経済手法や技術は、台湾ではすでに習得されており、台湾との合弁で中国へ進出すれば、中国側に日本の経営手法や技術を移転する際に、言語・習慣・文化の面からも大きなメリットがあるといえよう。

注＊

1 石田雄著『社会科学再考　敗戦から半世紀の同時代史』東京大学出版会、一九九五年を参考資料とした。

2 かつて中国から海外へと移住した人びとのうち、中国籍をもっている海外在住者を「華僑」、現地に根を下ろし、その国・地域の籍をもつ人びとを「華人」と呼ぶ。この華人には香港や台湾在住の人びとも含む。日本経済新聞、一九九二年一一月二〇日を参照。

3 日本経済新聞、一九九三年四月一三日。

4 森田保男著『企業の海外進出』同文舘、一九九二年、一〇〜一一頁。一部加筆・修正。

5 同上、五四〜五七頁。

6 小川政道・高橋英明著、住信基礎研究所監修『アジアにおける経営ローカライゼーション』中央経済社、一九九二年、六〜七頁。

7 同上、八頁。

8 同上、一三〜一四頁。

9 同上、一五〜一七頁。一部加筆・修正。
10 同上、四七〜四八頁。一部加筆・修正。
11 渡辺利夫稿、日本経済新聞、一九九一年二月二二日。技術ライセンス契約の中には、製品デザインや生産方式に関する情報の提供、特許・"know-how"・商標使用権の供与、労働者訓練や技術者派遣等が含まれる。
12 『アジア動向年報　一九九四年版』アジア経済研究所発行、一九九四年九月、一七五頁によれば、一九九二年の就業人口は約八、六三二千人、総人口は約二〇、七五二千人、失業率は一・五%である。台湾は労働力不足に対応して外国人労働者の雇用を促進した。ただし、その数を二〇万人以下に限った。この点に関しては、サン・エージェント・コーポレーション編『SUN WEEKLY BUSINESS　第二二三号（一九九四年一月三日）』泰陽企業股份有限公司発行、一六頁を参照。
13 外貨準備高は、一九八七年以降、七〇〇〜八〇〇億米ドルで推移しており、一九九一年以降は八〇〇億米ドルを越えている。これらの資金の多くは、「台湾マネー」として海外直接投資へと振り向けられている。
14 日本経済新聞、一九九二年一二月二九日。
15 中小企業金融公庫調査部『調査時報　第三四巻第五号「台湾の環境変化と日系中小企業―海外進出中小企業経営実態調査結果報告」』一九九三年一月、二頁。
16 張徳水著『激動！　台灣的歴史　台灣人的自國認識』前衛出版社、一九九二年八月初版　第一刷・一九九三年七月第二刷。伊藤潔著『台湾―四百年の歴史とその展望』中央公論社、一九九三年。
17 伊藤潔著、前掲書、一九〜三八頁。
18 サン・エージェント・コーポレーション編『SUN WEEKLY BUSINESS NEWS　第二二四号（一九九四年一月一〇日）』泰陽企業股份有限公司発行、一〇頁参照。
19 サン・エージェント・コーポレーション編『SUN WEEKLY BUSINESS NEWS　第二二七号（一九九四年一月三一日）』泰陽企業股份有限公司発行、一二頁参照。
20 日本経済新聞、一九九一年二月二八日、一部加筆・修正。

21　ＡＰＥＣは、一九八九年一一月にキャンベラで、環太平洋先進国五カ国、ＡＳＥＡＮ六カ国、および韓国の一二カ国で発足した。一九九一年のソウル大会で、台湾・中国・香港の加盟が認められた。

22　ＧＡＴＴ（General Agreement on Tariff and Trade）は一九四七年に調印された「関税および貿易に関する一般協定」をいう。ＧＡＴＴは一九九五年にＷＴＯ（World Trade Organization）に発展解消した。ＷＴＯは、貿易の自由化と貿易ルール作り、金融・財政政策との整合性を進めていくことを意図している。

23　日本経済新聞、一九九四年一一月二五日。

池内　守厚（いけうち　もりあつ）

1950年　高知県に生まれる
1978年　駒沢大学大学院商学研究科博士課程単位取得
1979年　日本経済短期大学（現亜細亜大学短期大学部）助手となり、講師、助教授を経て
1986年　関東学院大学（K. G. U）経済学部経営学科助教授、経営学総論と生産管理論担当
1993年　同年8月1日から1994年7月31日まで台湾・東海大學（TUNGHAI Univ.）工學院工業工程學系客座副教授、「日本式管理」担当
1996年　関東学院大学経済学部経営学科教授
1997年　同大学大学院経済学研究科（博士前期課程）経営学専攻にて、経営学特殊講義、1998年より演習担当
1999年　2005年まで工業経営研究学会理事
2002年　同大学大学院経済学研究科（博士後期課程）経営学専攻にて、経営学特殊研究、2003年より演習担当
2004年　工業経営研究学会より学会賞授賞（対象業績『トップリーダーの役割―企業進化とネットワーク経営―』）
単著　『企業進化と創造的経営』（中央経済社、1993年）
　　　『工業経営の進化と経営デモクラシー』（中央経済社、1998年）
共著　『バーナード理論と労働の人間化』（税務経理協会、1997年）

■トップリーダーの役割《やくわり》
―企業進化《きぎょうしんか》とネットワーク経営《けいえい》―

工業経営研究学会
平成16年度学会賞授賞

■発行日――2002年5月6日　初版発行　〈検印省略〉
　　　　　2011年3月16日　初版8刷発行

■著　者――池内《いけうち》　守厚《もりあつ》

■発行者――大矢栄一郎

■発行所――株式会社　白桃書房《はくとうしょぼう》
〒101-0021　東京都千代田区外神田5-1-15
☎03-3836-4781　FAX 03-3836-9370　振替00100-4-20192
http://www.hakutou.co.jp/

■印刷・製本――藤原印刷

　ISBN978-4-561-25358-7　C3034